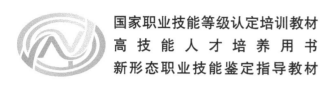

国家职业技能等级认定培训教材
高 技 能 人 才 培 养 用 书
新形态职业技能鉴定指导教材

汽车维修工

—— 汽车维修检验工、汽车机械维修工、汽车电器维修工

（初级）

国家职业技能等级认定培训教材编审委员会　组编

祖国海　潘艳华　编

U0359962

机械工业出版社

本书是依据国家职业技能标准对初级汽车维修工的知识要求和技能要求，按照岗位培训需要的原则编写的。本书主要内容包括汽车维护、发动机检修、底盘检修、汽车电器检修。书末附有理论知识试卷和操作技能考核试卷。本书还配套多媒体资源，可通过封底"天工讲堂"刮刮卡获取。

本书主要用作职业技能等级认定培训、企业培训的教材，也可作为技校、中职、各种短训班的教学用书，还可供有关工人自学使用。

图书在版编目（CIP）数据

汽车维修工：汽车维修检验工、汽车机械维修工、汽车电器维修工：初级 / 祖国海，潘艳华编 . —北京：机械工业出版社，2020.3（2025.1 重印）
新形态职业技能鉴定指导教材　高技能人才培养用书
ISBN 978-7-111-65243-4

Ⅰ . ①汽… Ⅱ . ①祖… ②潘… Ⅲ . ①汽车 – 车辆修理 – 职业技能 – 鉴定 – 教材 Ⅳ . ① U472.4

中国版本图书馆 CIP 数据核字（2020）第 054366 号

机械工业出版社（北京市百万庄大街 22 号　邮政编码 100037）
策划编辑：陈玉芝　责任编辑：陈玉芝　杨　璇
责任校对：陈　越　责任印制：常天培
固安县铭成印刷有限公司印刷
2025 年 1 月第 1 版第 2 次印刷
184mm×260mm ·9.75 印张 ·192 千字
标准书号：ISBN 978-7-111-65243-4
定价：49.80 元

电话服务　　　　　　　网络服务
客服电话：010-88361066　机 工 官 网：www.cmpbook.com
　　　　　010-88379833　机 工 官 博：weibo.com/cmp1952
　　　　　010-68326294　金 书 网：www.golden-book.com
封底无防伪标均为盗版　机工教育服务网：www.cmpedu.com

编审委员会

主　任　李　奇　荣庆华

副主任　姚春生　林　松　苗长健　尹子文

　　　　周培植　贾恒旦　孟祥忍　王　森

　　　　汪　俊　费维东　邵泽东　王琪冰

　　　　李双琦　林　飞　林战国

委　员　（按姓氏笔画排序）

　　　　于传功　王　新　王兆晶　王宏鑫

　　　　王荣兰　卞良勇　邓海平　卢志林

　　　　朱在勤　刘　涛　纪　玮　李祥睿

　　　　李援瑛　吴　雷　宋传平　张婷婷

　　　　陈玉芝　陈志炎　陈洪华　季　飞

　　　　周　润　周爱东　胡家富　施红星

　　　　祖国海　费伯平　徐　彬　徐丕兵

　　　　唐建华　阎　伟　董　魁　臧联防

　　　　薛党辰　鞠　刚

新中国成立以来，技术工人队伍建设一直得到了党和政府的高度重视。20世纪五六十年代，我们借鉴苏联经验建立了技能人才的"八级工"制，培养了一大批身怀绝技的"大师"与"大工匠"。"八级工"不仅待遇高，而且深受社会尊重，成为那个时代的骄傲，吸引与带动了一批批青年技能人才锲而不舍地钻研技术、攀登高峰。

进入新时期，高技能人才发展上升为兴企强国的国家战略。从2003年全国第一次人才工作会议，明确提出高技能人才是国家人才队伍的重要组成部分，到2010年颁布实施《国家中长期人才发展规划纲要（2010—2020年）》，加快高技能人才队伍建设与发展成为举国的意志与战略之一。

习近平总书记强调，劳动者素质对一个国家、一个民族发展至关重要。技术工人队伍是支撑中国制造、中国创造的重要基础，对推动经济高质量发展具有重要作用。党的十八大以来，党中央、国务院健全技能人才培养、使用、评价、激励制度，大力发展技工教育，大规模开展职业技能培训，加快培养大批高素质劳动者和技术技能人才，使更多社会需要的技能人才、大国工匠不断涌现，推动形成了广大劳动者学习技能、报效国家的浓厚氛围。

2019年国务院办公厅印发了《职业技能提升行动方案（2019—2021年）》，目标任务是2019年至2021年，持续开展职业技能提升行动，提高培训针对性实效性，全面提升劳动者职业技能水平和就业创业能力。三年共开展各类补贴性职业技能培训5000万人次以上，其中2019年培训1500万人次以上；经过努力，到2021年底技能劳动者占就业人员总量的比例达到25%以上，高技能人才占技能劳动者的比例达到30%以上。

目前，我国技术工人（技能劳动者）已超过2亿人，其中高技能人才超过5000万人，在全面建成小康社会、新兴战略产业不断发展的今天，建设高技能人才队伍的任务十分重要。

序

Preface

机械工业出版社一直致力于技能人才培训用书的出版，先后出版了一系列具有行业影响力，深受企业、读者欢迎的教材。欣闻配合新的《国家职业技能标准》又编写了"国家职业技能等级认定培训教材"。这套教材由全国各地技能培训和考评专家编写，具有权威性和代表性；将理论与技能有机结合，并紧紧围绕《国家职业技能标准》的知识要求和技能要求编写，实用性、针对性强，既有必备的理论知识和技能知识，又有考核鉴定的理论和技能题库及答案；而且这套教材根据需要为部分教材配备了二维码，扫描书中的二维码便可观看相应资源；这套教材还配合天工讲堂开设了在线课程、在线题库，配套齐全，编排科学，便于培训和检测。

这套教材的出版非常及时，为培养技能型人才做了一件大好事，我相信这套教材一定会为我国培养更多更好的高素质技术技能型人才做出贡献！

中华全国总工会副主席

高凤林

前 言

Foreword

目前，取得职业技能等级证书已经成为劳动者就业上岗的必备条件，也是对劳动者职业能力的客观评价。取得职业技能等级证书不仅是广大从业人员、待岗人员的迫切需要，而且已经成为各级各类普通教育院校、职业学院毕业生追求的目标。

2019年1月，新的《国家职业技能标准 汽车维修工》实施，对汽车维修工提出了新的要求。为此，我们组织专家、学者、高级考评员，根据最新的国家职业技能标准，编写了汽车维修工培训教材，本书是初级工培训教材。本书有以下主要特点：

1）以现行国家职业技能标准为依据，以职业技能等级认定要求为尺度，以满足本职业对从业人员的要求为目标，对国家职业技能标准中要求的技能和有关知识进行了详细的介绍。

2）以岗位技能需求为出发点，按照"模块式"教材编写思路确定教材的核心技能模块，以此为基础，构建每一个技能训练项目所需掌握的相关知识、技能训练、模拟考试等结构体系。

本书由祖国海、潘艳华编写。

本书在编写过程中得到了国家职业技能等级认定培训教材编审委员会、中国汽车维修行业协会、呼和浩特万通汽车学校、德能（北京）汽车服务有限公司、广东瀚文书业有限公司、山东瀚德圣文化发展有限公司等组织和单位的大力支持与协助，在此一并表示衷心的感谢！

由于编写时间有限，书中难免存在一些缺点和不足之处，恳请读者批评指正。

编 者

Contents

目　录

目录

Contents

项目 2 发动机检修

项目 3 底盘检修

Contents

项目 4　汽车电器检修

目 录

Contents

1.1 发动机维护

1.1.1 汽车维护和发动机一级维护

1. 汽车维护的基本原则和目的

"预防为主，强制维护"是汽车维护的基本原则。汽车维护工作是保持汽车正常技术状态的基础，维护作业内容是依照汽车技术状况变化规律来安排的。

汽车维护的目的在于保持车容整洁，及时发现和消除故障隐患，有效地延长汽车的使用寿命，防止车辆早期损坏，从而达到下列要求：车辆经常处于良好的技术状况，随时可以出车；在合理使用条件下，不会因机件损坏而影响行车安全；在运行过程中，降低燃料、润滑油、配件及轮胎的消耗，减少车辆噪声和排放污染物对环境的污染；各部总成的技术状况尽量保持均衡，以延长汽车大修间隔里程。

2. 汽车维护级别的划分和周期

汽车维护可分为常规性维护、季节性维护、磨合期维护；常规性维护分为日常维护、一级维护、二级维护三种级别。各级维护的间隔里程或时间间隔以国家标准或汽车生产厂家规定为准。

汽车维护是一种计划预防制度，就是在汽车行驶到规定的维护周期时，必须按期强制进行维护。汽车维护作业必须保证维护质量，但维护作业时不准对汽车主要总成进行大拆，只有在发生故障需要解体时，才允许解体。

汽车维护周期是指汽车进行同级维护之间的间隔期（行驶里程或时间）。我国国家标准规定如下。

日常维护为出车前、行驶中和收车后进行，汽车一、二级维护周期的确定，应以汽车的行驶里程或时间为基本依据。

1）一级维护周期一般为 2000~3000km 或按车辆使用说明书的有关规定进行。

2）二级维护周期一般为 10000~18000km 或按车辆使用说明书的有关规定进行。

汽车的品牌不同，其相应的汽车维护周期可能也不同。例如：桑塔纳普通型轿车维护规定为日常维护、7500km 首次维护、15000km 维护、30000km 维护四种级别；一汽丰田卡罗拉轿车维护规定为日常维护、5000km（或 6 个月）首次维护、20000km 维护、40000km 维护四种级别。

3. 汽车维护的主要工作内容

汽车维护的主要工作内容是清洁、检查、紧固、调整、润滑、补给等。

清洁：包括对燃料、机油、空气滤清器滤芯的清洁，汽车外表的养护和对有关总成零部件内外部的清洁。

检查：检查汽车各总成和机件的外表、工作情况和连接螺栓的松紧度等。

紧固：紧固工作是为了使各部机件连接可靠，防止机件松动。重点应放在负荷重且经常变化的各部机件的连接部位上以及对各连接螺栓进行紧固和配换。

调整：按技术要求，恢复总成机件的正常配合间隙及工作性能。

润滑：包括对发动机润滑系统部件更换或添加机油，对传动系统及行驶系统各润滑点注入润滑油或润滑脂。

补给：对汽车的燃油及特殊工作液体进行加注补充，对蓄电池进行补充充电，对轮胎进行补充充气等。

4. 发动机一级维护作业项目、作业内容及技术要求

发动机一级维护作业项目、作业内容及技术要求见表 1-1。

表 1-1　发动机一级维护作业项目、作业内容及技术要求

作业项目	作业内容	技术要求
空气滤清器、机油滤清器、燃油滤清器	清洁或更换	按规定的里程或时间更换滤清器。滤清器应清洁，衬垫无残缺，滤芯无破损。滤清器安装牢固，密封良好
发动机机油及冷却液	检查油（液）面高度，视情况更换	按规定的里程或时间更换机油、冷却液，油（液）面高度符合规定

1.1.2　发动机机油的分类、选用和使用注意事项

1. 发动机机油的分类

我国发动机机油的分类法参照国际上广泛采用的美国 SAE（美国汽车工程师学会）黏度分类法和 API（美国石油学会）使用分类法，制定了内燃机油黏度分类标准。在标准中按机油的黏度以及质量等级进行分类。

1）按黏度分类。冬季用油（W 级）按低温纯度、低温泵送性划分为 0W、5W、10W、15W、20W、25W 六个等级。其级号越小，适应的温度越低。

非冬季用油按 100℃ 时的运动黏度划分为 20、30、40、50、60 五个等级。其级号越大，适应的温度越高。

全天候复合级别机油（也称为多级机油）则有十六种，分别为 5W/20、5W/30、5W/40、5W /50、10W/20、10W/30、10W/40、10W/50、15W/20、15W/30、

15W/40、15W/50、20W/20、20W/30、20W/40、20W/50，代表冬季部分的数字越小，代表夏季部分的数字越大则黏度越高，适用的气温范围越大。

2）按质量等级分类。汽油机油（S 系列）分为 SC、SD、SE、SF、SG、SH、SI、SJ、SK、SL、SM、SN 等级别。柴油机油（C 系列）分为 CC、CD、CD-Ⅱ、CE、CF-4、CG-4、CH-4 等级别。各类油品的级号越靠后，其使用性能越好。

3）发动机机油的规格。发动机机油产品是由品种（使用等级）与牌号（黏度等级）两部分构成的，每一特定品种都附有规定的牌号。例如：SC30 是指使用等级为 SC 级，黏度等级为 30 的汽油机油；SE/CC30 为汽油机 / 柴油机通用油，它符合 SE 级汽油机油和 CC 级柴油机油使用性能，其黏度等级为 30；CC10W/30 为多级柴油机油，既符合 10W 级油黏度要求，又符合 30 级油黏度要求；SF/CD5W/30 则为多级汽油机 / 柴油机通用油，它符合 SF 级汽油机油和 CD 级柴油机油使用性能，并且符合 5W 级和 30 级油黏度要求。

2. 发动机机油的选用

1）汽油机油使用等级的选用。汽油机油使用等级的选用可根据发动机压缩比及附属装置来选择，发动机压缩比越高、附属装置越多，发动机机油级别就应越高。近年来生产的汽油机，应选用 SJ 级别的汽油机机油。

2）柴油机机油使用等级的选用。柴油机机油使用等级可根据柴油机强化系数来选择。强化系数越高，柴油机的热负荷和机械负荷就越大，机油的工作条件也就越苛刻，要求选用使用等级高的机油。近年生产的柴油机应选用 CF-4 以上级别的柴油机油。

3）根据地区、季节、气温和发动机技术特性选用黏度等级。气温低的地区和季节，应选用黏度小的机油；反之，应选用黏度大的机油。我国发动机机油黏度等级与适用温度范围对应关系见表 1-2。

表 1-2　我国发动机机油黏度等级与适用温度范围对应关系

温度范围 /℃	−30~20	−30~30	−25~30	−25~40	−20~40
适用黏度等级	5W/20	5W/30	10W/30	10W/40	15W/40
温度范围 /℃	−15~40	−20~10	−15~20	−10~35	−5~40
适用黏度等级	20W/40	10W	20	30	40

根据发动机技术特性选用黏度等级：新发动机应选黏度相对较小的机油，以保证在磨合期内正常磨合；而使用较久、磨损较大的发动机则应选用黏度相对较大的机油，以保证工作时所需的机油压力，保证正常润滑。

3. 发动机机油使用注意事项

1）应根据汽车使用说明书选择机油的使用等级。

2）要选用适当黏度的油品，并不是黏度越大越好，因为黏度太大，刚起动时机油流动太慢，容易使机件磨损加剧，甚至造成烧瓦事故。

3）在换油时要将废油放净，以免污染新加入的机油，导致新油迅速变质，引起发动机腐蚀性磨损，缩短发动机使用寿命。

4）保持曲轴箱通风良好。由燃烧室窜入曲轴箱的气体有腐蚀性，能使机油氧化变质并污染发动机，因此，必须保持曲轴箱通风良好。

5）保持正常的油面高度。油量不足时，不仅会加速机油变质，而且会因缺油而引起机件烧损；相反，油量太多，机油会沿缸壁与活塞环之间的间隙窜入燃烧室，造成发动机烧机油。此外，油平面过高，会增加机油的搅动阻力，使油耗增大，磨损加剧。

6）定期检查保养机油各滤清器，及时更换滤芯。

7）定期按质换油。任何质量的机油，在使用到一定里程后，一些理化指标都会发生变化，会给发动机带来危害，产生故障，所以要根据油的变化情况定期按质换油。

8）使用稠化机油时，与同一牌号的一般机油比较，其油压应稍低。因为稠化机油黏温性好，所以压力稍低是正常现象。

9）不同品牌、不同牌号发动机机油原则上不能混用。

1.1.3 发动机冷却液的分类、选用和使用注意事项

1. 冷却液的性能要求

汽车冷却液在冷却系统中起着冷却和防冻作用，为了保证汽车冷却系统的正常工作，冷却液应有较低的冰点、良好的导热性能、适宜的低温黏度、对金属和橡胶无腐蚀作用、良好的化学安定性、泡沫少，蒸发损失小。

2. 冷却液的分类与性能

冷却液主要由防冻剂与水按一定比例混合而成，按防冻剂的不同，汽车常用的冷却液可分为酒精型、甘油型、乙二醇型等。

（1）酒精型冷却液 酒精型冷却液是由酒精作为防冻剂，与水配制而成。酒精易燃、易挥发，因此，这种冷却液流动性好、散热快，但易燃、易挥发，而且挥发后冰点容易回升，已淘汰。

（2）甘油型冷却液 甘油型冷却液是由甘油（丙三醇）作为防冻剂，与水配制而成。由于甘油的沸点、闪点高，这类冷却液的沸点高，不易蒸发和着火，但降低冰点的效率低，甘油用量大，成本高。

（3）乙二醇型冷却液 乙二醇型冷却液是目前国内外使用最为广泛的冷却液。它用乙二醇作为防冻剂，与水配制而成。乙二醇的沸点高，与水混合后，可使混合液的冰点显著降低，最低可达 -68℃。用不同比例的乙二醇和水可配制成不同冰点的冷却液。这类冷却液的优点是沸点高、冰点低、冷却效率高、黏度较小等。但乙二醇有毒性，对金属有腐蚀作用。因此，常用的乙二醇型冷却液，多加有防腐剂和染色剂。

3. 乙二醇型冷却液的牌号和规格

乙二醇型冷却液按石化行业标准《汽车及轻负荷发动机用乙二醇型冷却液》，分为冷却液和浓缩液两大类。冷却液可直接加车使用，按其冰点分为 −25、−30、−35、−40、−45、−50 六种牌号。浓缩液是为了便于储运，使用时需加水稀释，它与蒸馏水各以 50%（体积分数）混合后，冰点可不高于 −37℃。

4. 乙二醇型冷却液的选用和使用注意事项

（1）乙二醇型冷却液的选用 乙二醇型冷却液的牌号是按冰点划分的，在使用时应根据车辆使用地区冬季的最低气温来选择适当的牌号，且选用的冷却液冰点应比最低温度低 5~10℃，若采用浓缩液，应根据产品说明书规定的比例，用蒸馏水或去离子水掺兑，不能使用河水、井水及自来水。

（2）使用注意事项 加注乙二醇型冷却液前应将散热器中水放尽，以免影响冷却液的性能。用浓缩液配制时，乙二醇的含量不应超过 68%。因为超过该比例后，乙二醇会与水共溶，不但不能降低冰点，反而会使冷却液的浓度增加，散热性变坏。乙二醇型冷却液使用一段时间后，会因蒸发而使液面下降，应及时加水，并保持原有容量。乙二醇型冷却液的更换周期一般为 3~5 年，也可测定其 pH 值来判断是否需要更换，当冷却液的 pH 值小于 7 时就必须更换。乙二醇对人体有毒性，使用时严防入口。应防止乙二醇型冷却液与油品接触，以免其受热后产生泡沫。

1.1.4 发动机机油、冷却液泄漏检查方法

1. 机油泄漏检查方法

1）首先检查发动机外部是否有漏油处。要特别注意曲轴前端和后端的油封处是否漏油。曲轴前端的油封破裂损坏、老化或曲轴带轮与油封接触面磨损，会引起曲轴前端漏油。曲轴后端的油封破裂损坏或后主轴承盖的回油孔过小，回油受阻，会引起曲轴后端漏油。另外还应注意凸轮轴后端油封是否漏油。油封老化、破裂漏油，应及时更换。除此之外，还要检查发动机润滑系统各零部件是否存在外漏现象。

2）如果发动机的前后油封处漏油，甚至前后气缸盖罩、前后气门挺杆室、机油滤清器、油底壳衬垫等多处有机油渗出，但又找不到明显的漏油处，应检查曲轴箱通风装置，清理曲轴箱通风管道，尤其是检查 PCV 阀是否由于积炭和结胶卡滞造成工作不良。

如果曲轴箱通风不良很可能会导致曲轴箱内压力升高，从而出现多处机油渗漏现象。

3）如果机油滤清器及一些机油管路的接头处经过紧固后还是漏油，应注意检查机油压力是否过高，机油限压阀是否工作不良。

2. 冷却液泄漏检查方法

1）检查冷却系统各管接口是否有冷却液外漏的迹象。由于冷却液往往加有染料

着色，外部泄漏部位较为明显，应着重检查各管接头、节温器处、储液罐、水泵结合面、散热器及散热器盖等部位是否有泄漏冷却液的迹象。

2）检查冷却系统是否有冷却液泄漏，除了通过用眼观察，还可以用如下的压力法进行更加准确的测试。

1）将冷却液加注到散热器中，并连接压力测试仪，如图 1-1 所示。

2）使发动机暖机。

3）将其泵压至 137kPa，检查并确认压力不下降。

4）如果压力下降，则检查水管、散热器和水泵是否泄漏。

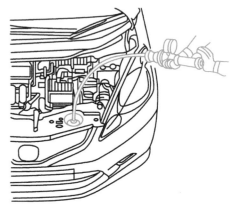

图 1-1　连接压力测试仪

如果外部无液体泄漏的迹象，则检查散热器芯、气缸体和气缸盖。一般内部泄漏时会伴随有发动机加速无力、排气管冒白烟、散热器有气泡、机油液面升高、机油呈乳白色等现象。

1.1.5　冷却液冰点检查方法

如果曾经加注过蒸馏水，在入冬前，最好检查一下冷却液的冰点。

冷却液冰点采用冰点测试仪进行检测。冰点测试仪也用来检测蓄电池电解液密度、风窗玻璃清洗液冰点等。

1）测量冷却液冰点时，取少许冷却液涂于冰点测试仪观测口上，如图 1-2 所示。

2）用眼睛直接观测冰点测试仪，在观测口中将显示冷却液冰点。

图 1-2　测试冷却液冰点

3）观测口中有明显的蓝白分界线，上部为蓝色，下部为白色，分界线对应的刻度即为测量的结果。

1.1.6　空气滤清器清洁、更换方法

空气滤清器也就是我们经常说的"空滤"，换空气滤清器是保养中很基本的项目。对于不同的汽车，更换周期自然是不相同的，所以没有一个很绝对的标准，因为这取决于空气滤清器吸入灰尘和杂质的数量。同样是一个空气滤清器，在一辆长期行驶于高速公路的车辆上，它可以使用 30000km 甚至更长才更换一次；而对于一辆总穿梭于乡村间的越野车来说，它可能两个月内就要更换了。当然，这两种情况

都是比较极端的，对于普通的城市车辆来说，每年或每 20000km 更换一次空气滤清器是比较合适的。

说明：表面上很脏的空气滤清器，并不代表它已经不能正常工作了，所以是否需要清洁或者更换还要根据车辆的状况来定。

空气滤清器清洁、更换的具体方法如下。

1）打开发动机舱盖，确认空气滤清器的位置，其一般位于发动机舱右侧，即右前轮上方位置，有条粗软橡皮胶管连着的黑色方形塑料盒（图 1-3）。

2）考虑到方便车主经常拆卸清理，一般车型都不会使用螺钉固定空气滤清器，轻轻掰开朝向车尾方向的两个金属卡子，即可将整个空气滤清器盒盖掀起。

也有的车型会在盒盖的卡箍上安装螺钉，这时需要选取合适的旋具将空气滤清器卡箍上的螺钉拧下（图 1-4）。

3）将整个空气滤清器盒盖掀开（图 1-5）。

图 1-3　空气滤清器位置　　　　图 1-4　拆卸螺钉　　　　图 1-5　掀开空气滤清器盒盖

4）将空气滤芯取出，检查是否有较多尘土，可以轻轻拍打滤芯端面，用压缩空气由里向外吹去滤芯上的尘土，如图 1-6 所示。

 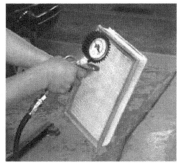

图 1-6　清洁空气滤清器

注意：切勿用汽油或水洗刷。如果空气滤清器已经发生严重堵塞则需要更换新的。

5）用拧干的湿布或者高压风枪清洁空气滤清器壳体内壁，保证在装复空气滤清器之前，空气滤芯以及进气盒中没有水分残留（图1-7）。

图1-7　清洁空气滤清器壳体内壁

6）安装清洁过的（或新的）空气滤清器滤芯，然后按拆卸时相反的顺序进行装复（图1-8）。

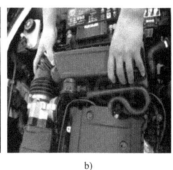

a)　　　　　　　　　　　b)　　　　　　　　　　　c)

图1-8　装复

1.1.7　废弃物的收集、储存方法

无论是汽车外部清洗，还是零件的碱溶液清洗，都受到三废处理有关法规的约束。我国现已制定了环境保护等相关法规，因此汽车维修行业也必须对三废问题加以高度重视。例如：对外部清洗站的回收水采取多层沉淀后再利用，水中杂物和泥沙应先沉淀为泥浆，再将其抽至泥浆斗中沉淀结块，然后用抓斗抓出来处理；清洗站不得将清洗水未经处理直接排放，以防堵塞下水道。

碱溶液更不能排放至下水道，应在专用的溶池中沉积，待自然发酵后，再加入一定量的废酸加以中和，并检查pH值，当pH值呈中性时，再将沉淀后的上部废水排入下水道，而沉积下的污物待干燥后，再集中处理。

1.2 底盘维护

1.2.1 底盘一级维护作业项目、作业内容和技术要求

底盘一级维护作业项目、作业内容和技术要求见表 1-3。

表 1-3 底盘一级维护作业项目、作业内容和技术要求

	作业项目	作业内容	技术要求
转向系统	部件连接	检查、校紧万向节、横直拉杆、球头销和转向节等部位的连接螺栓、螺母	各部件连接可靠
	转向器机油及转向助力油	检查油面高度，视情况更换	按规定的里程或时间更换转向器机油及转向助力油，油面高度符合规定
制动系统	制动管路、制动阀及接头	检查制动管路、制动阀及接头，校紧接头	制动管路、制动阀固定可靠，接头紧固，无漏气（油）现象
	缓速器	检查、校紧缓速器连接螺栓、螺母，检查定子与转子间隙，清洁缓速器	缓速器连接紧固，定子与转子间隙符合规定，缓速器外表、定子与转子间隙清洁，各插接件与接头连接可靠
	储气筒	检查储气筒	无积水及油污
	制动液	检查液面高度，视情况更换	按规定的里程或时间更换制动液，液面高度符合规定
传动系统	各连接部位	检查、校紧变速器、传动轴、驱动桥壳、传动轴支承等部位连接螺栓、螺母	各连接部位可靠，密封良好
	变速器、主减速器和差速器	清洁通气孔	通气孔通畅
车轮	车轮及半轴的螺栓、螺母	校紧车轮及半轴的螺栓、螺母	拧紧力矩符合规定
	轮辋及压条挡圈	检查轮辋及压条挡圈	轮辋及压条挡圈无裂纹及变形

1.2.2 底盘紧固作业安全注意事项

底盘紧固作业，是将各机件按要求牢固地连接在一起，使之工作可靠、密封良好。由于车辆在行驶中的颠簸、振动以及机件的热胀冷缩等原因，车辆运行一定里程后将使各连接件的紧固程度发生改变，以致出现松脱，因此，紧固是车辆维护中的一项重要工作之一。在车辆各级维护作业中，应按规定的作业范围，将车辆各部螺栓、螺母及所配用的平垫圈、弹簧垫圈、锁止垫圈、开口销、垫片、金属锁线等，按规定规格和数量装配齐全。

拆装或紧固螺母、螺栓等紧固件，均须使用专用工具或规格合适的扳手，不得用钳子或錾子剔动。

凡能用顶拔器拆卸的零件，一般不准用锤子击、錾子冲、撬棍撬的方法代替；非用不可时，不能直接与零件接触，应垫以木块或有色软金属，以防损坏零件。

1.2.3 车轮和轮胎

车轮与轮胎是汽车行驶系统中的重要部件，位于汽车车身与路面之间，起支承汽车和装载质量、传递汽车与路面之间的各种力和力矩、缓冲汽车受路面颠簸时所引起的振动、保持汽车的行驶方向等作用。

车轮与轮胎组成车轮总成，通常由轮胎、轮辋、轮辐等组成，如图 1-9 所示。

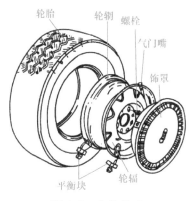

图 1-9　车轮总成

轮辋用于安装和固定轮胎。轮辐用于将轮毂和轮辋连接起来，并通过螺栓与轮毂连接起来。

（1）轮胎的分类

1）按胎体结构的不同，轮胎可分为充气轮胎和实心轮胎两种。现代汽车绝大多数采用充气轮胎。

充气轮胎分为有内胎轮胎和无内胎轮胎两种。

普通充气轮胎由外胎、内胎和垫带组成，使用时安装在汽车车轮的轮辋上。没有内胎的轮胎，空气直接压入外胎中，因此要求外胎与轮辋之间密封性很好。其优点是消除了内外胎之间的摩擦且散热性好，胎温低，有利于车速的提高，结构简单、质量小、寿命长、耐刺穿性好，但材料、工艺要求高，途中维修困难。现在无内胎轮胎在轿车上广泛采用，并开始在货车上使用。

2）按胎体的结构不同，轮胎可分为斜交轮胎和子午线轮胎（图 1-10）。子午线轮胎帘布层帘线在轮胎上的分布好像地球的子午线，帘线的强度得到充分利用，帘布层数可比普通斜交轮胎减少 40%~50%，胎体较柔软，接地面积大，附着性能好，对地面单位压力小，滚动阻力小，节省油耗。目前国产轿车均使用子午线无内胎轮胎。

3）按轮胎内空气压力的大小，轮胎可分为高压胎（0.5~0.7MPa）、低压胎（0.15~0.45MPa）和超低压胎（0.15MPa 以下）。低压胎弹性好、断面宽、接地面积

大、壁薄、散热好，从而提高了汽车行驶的平顺性、稳定性；同时提高了轮胎的使用寿命，所以汽车上几乎全部都使用低压胎。

（2）轮胎规格的表示方法　轮胎的尺寸标注如图 1-11 所示。

1）斜交轮胎的规格。我国和大多数国家一样，斜交轮胎的规格用 *B-d* 表示，货车斜交轮胎和轿车斜交轮胎的尺寸 *B* 和 *d* 均使用英寸（in）为单位，如 9.00—20 表示轮胎为宽度 9.00in（1in≈25.4cm）、内径 20in 的斜交轮胎。

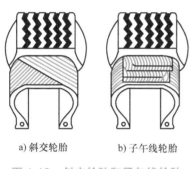

a) 斜交轮胎　　b) 子午线轮胎

图 1-10　斜交轮胎和子午线轮胎

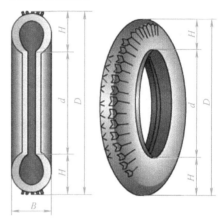

图 1-11　轮胎的尺寸标注

D—轮胎外径　*d*—轮胎内径或轮辋直径

B—轮胎宽度　*H*—轮胎高度

2）子午线轮胎的规格。以上海桑塔纳 2000GSi 轿车轮胎的规格 195/60 R 14 85 H 为例进行说明。

195 表示轮胎宽度 195mm，货车子午线轮胎的宽度一般以英寸（in）为单位。

60 表示扁平比为 60%，扁平比为轮胎高度 *H* 与宽度 *B* 之比，有 60、65、70、75、80 五个级别。

R 表示子午线轮胎，即"RADIAL"的第一个字母。

14 表示轮胎内径 14in。

85 表示荷重等级，即最大载荷质量。荷重等级为 85 的轮胎，其最大载荷质量为 515kg。

H 表示速度等级，表明轮胎能行驶的最高车速。

另外，在轮胎规格前加"P"表示轿车轮胎；在胎侧标有"REINFORCED"表示经强化处理，"RADIAL"表示子午线轮胎，"TUBELESS"（或 TL）表示无内胎（真空胎），"M + S"（Mud and Snow）表示适于泥地和雪地，"→"表示轮胎旋向，不可装反。

（3）轮胎更换注意事项

1）不能装用其他汽车型号的轮胎，否则难以保证汽车的路面附着性和行驶的安全性。

2）为了使轮胎磨损尽可能达到均衡，安装在汽车上的所有轮胎，应进行轮胎换位。轮胎换位要按规定进行，并保持轮胎的原滚动方向。

3）新轮胎花纹上有宽 12mm、厚 6mm 的磨损指示条，如指示条已磨去，应立即更换轮胎。

4）拆卸轮胎时，应使用千斤顶，在指定位置上将车身顶起。

5）轮胎与轮辋必须配套使用，不允许对轮辋进行敲击或使用撬棒，要用轮胎拆装机进行拆装。

6）修理过或新换的轮胎必须经过动平衡试验后方可使用。

（4）轮胎的紧固　紧固轮胎螺栓应对称进行，紧固螺栓应达到规定的力矩。

（5）轮胎气压检查　车辆需停放于平地，务必在冷车时测量轮胎压力；取下轮胎的气门嘴盖，将胎压计的测压嘴对准轮胎上的气门嘴垂直用力压入，压入迅速，使轮胎内的空气不会泄漏；根据车门侧的胎压要求，并结合驾驶员的经验，确定胎压是否符合要求；如果胎压过高，该胎压计可用于放气；如果胎压过低，应立即补气至安全胎压，并重新测量胎压；检查完胎压后，查看是否漏气，最后将气门嘴的防尘帽拧上。

（6）轮胎花纹深度检查　使用轮胎花纹深度尺可以便捷地测出轮胎是否超出安全的花纹深度，如图1-12 所示。将轮胎花纹深度尺的尖端伸入轮胎胎面的同一横截面几个主花纹沟中，测量它的深度，得出一组数值，从中得出平均数。一般来说，当轮胎磨耗到胎面花纹沟深仅剩 1.6mm 时，就必须更换。这时纵贯胎面的"磨耗标记"胶条便会明显显露出来，表示应该马上更换轮胎。

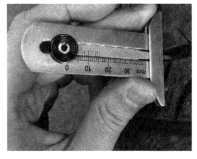

图 1-12　轮胎花纹深度尺检查轮胎

1.2.4　润滑脂的选用与加注方法

汽车常用润滑脂品种有钙基润滑脂、钠基润滑脂、锂基润滑脂、极压复合锂基润滑脂和石墨钙基润滑脂等。

润滑脂的加注方法主要是用润滑脂枪加注润滑脂。加注润滑脂应根据车辆和机械设备说明书的规定，选用与润滑脂部位操作条件相适应的润滑脂品种和稠度牌号。

检查各润滑点润滑脂嘴是否完好、堵塞，所加注的润滑脂的规格型号是否符合规定要求。打开润滑脂枪盖，将清洁合格润滑脂倒入润滑脂枪内，拧紧润滑脂枪盖。将润滑脂枪加注口套入各润滑脂嘴内，来回扳动手把或打开开关，将润滑脂压进润滑脂嘴油道内，当润滑脂从配合缝隙中渗出后即可，用棉纱头擦去多余部份。无润滑脂嘴的加注点，应用手指将润滑脂涂在运动件的表面或可存贮润滑脂的腔内。

1.3 电器维护

1.3.1 照明与信号系统警报装置、仪表的功能检查方法

1. 汽车照明与信号系统的功能检查方法

汽车照明与信号系统的检查需两人共同进行，一人车内操作，另一人车下检查相应照明与信号系统是否正常。

（1）转向、制动与倒车信号　（以转向盘为标准）拨动组合开关（整体）顺时针方向转为右转信号，拨动组合开关逆时针方向转为左转信号。当踩下制动踏板，制动信号灯亮；当变速杆拨入倒车档时，倒车灯亮，同时，倒车警报器或蜂鸣器发出倒车声响。

（2）远近光切换　首先把"近光灯"图案转到开启位置，近光灯开启。以转向盘为参照，打开前照灯开关后，向下推动，为开启远光灯，此时，开启远光灯，仪表盘上蓝色灯图标常亮。向上提动，开启近光灯，蓝色灯图标灭。在近光灯位置，向上提动，远光灯闪一下，手松开后，自动回到近光灯位置（若灯光开关未开启，远、近灯光不会开启）。

（3）雾灯开启　只要把中间的"后雾灯"和"前后雾灯"图案转到开启位置即可。

（4）喇叭开启　喇叭开关控制喇叭继电器线圈的搭铁端。当将其按下时，继电器触点接通，喇叭通电发出声响。

（5）转向灯同时开启　当警示开关接通时，两边的转向灯同时闪烁。

2. 警告装置的功能检查方法

机油指示灯用来显示发动机内机油的压力状况。当打开钥匙开关车辆开始自检时，指示灯点亮，起动后熄灭。发动机运行时，指示灯常亮说明发动机机油压力低于规定标准，需要维修。

ABS指示灯用来显示ABS工作状况。当打开钥匙开关车辆自检时，ABS灯会点亮数秒随后熄灭。如果未闪亮或者起动后仍不熄灭，表明ABS出现故障。

蓄电池指示灯用来显示蓄电池使用状态。当打开钥匙开关车辆开始自检时，该指示灯点亮，起动后自动熄灭。如果起动后蓄电池指示灯常亮，说明该蓄电池或电路出现了问题需要检修。

油量指示灯用来显示车辆内储油量的多少。当打开钥匙开关时，该指示灯点亮，则说明车内储油量已不足。

车门指示灯用来显示车辆各车门状况。任意车门未关上或者未关好，都会点亮相应的车门指示灯，提示驾驶人。当车门关闭时相应车门指示灯熄灭。

驻车制动指示灯用来显示车辆驻车制动器的状态，平时为熄灭状态。当驻车制

动器被拉起后该指示灯自动点亮。当手刹被放下时该指示灯自动熄灭。有的车型在行驶中未放下手操作手柄伴随有警告音。

发动机故障指示灯用来显示车辆发动机的工作状况。当打开钥匙开关车辆自检时，该指示灯点亮后会自动熄灭。如常亮则说明车辆的发动机系统出现了故障需要维修。

转向指示灯用来显示车辆转向灯开关所在的位置，通常为熄灭状态。当驾驶人点亮转向灯时，会同时点亮相应方向的转向指示灯，转向灯熄灭后该指示灯自动熄灭。

远光指示灯用来显示车辆远光灯的状态。通常情况下该指示灯为熄灭状态。当驾驶人点亮远光灯时，该指示灯会同时点亮，以提示驾驶人车辆的远光灯处于开启状态。

安全带指示灯用来显示安全带是否处于锁止状态。当该灯点亮时说明安全带没有扣紧。有些车型会有相应的提示音。当安全带被及时扣紧后该指示灯自动熄灭。

3. 汽车仪表的功能检查方法

（1）传感器的检查　对各种电阻式传感器的检查，通常是采用测量其电阻值来判断它的好坏，即把所测得的电阻值与其规定的标准电阻值相比较，判断传感器有无故障。若所测的电阻值小于规定值时，此时传感器内部短路；若其电阻值很大，则说明传感器内部断路或接触不良，应该更换传感器。

（2）机油压力表的检查　用万用表 R×1 档测量电热线圈是否有短路、断路故障。

（3）水温表的检查　用万用表 R×1 档测量电热线圈阻值，标准值应为 17.5Ω。

（4）燃油表的检查　如果是电磁式仪表，用万用表 R×1 档测量左、右两个线圈的电阻值。一般情况下，左线圈电阻值应为 45Ω±1.5Ω；右线圈电阻值应为 50Ω±1.5Ω。阻值过大或过小均应更换。若是电热式仪表，检查方法同机油压力表。

（5）油压传感器的检查　用万用表 R×1 档测量电热式油压传感器电热线圈的电阻值，一般为 8~12Ω，否则应更换。

（6）电热式冷却液温度传感器的检查　用万用表 R×1 档测量其电阻值，一般为 7~8.5Ω，否则应更换。

（7）可变电阻式冷却液温度传感器的检查　用万用表 R×1 档测量其常温下的电阻值，应大于 100Ω，然后，将其放在热水中加热，再测量其电阻值。若阻值随冷却液温度的升高而增大，说明传感器良好，否则应更换。

（8）燃油表传感器的检查　燃油表一般采用的是可变电阻式，可用万用表测量其电阻值。测量时，将一根表棒与传感器的外接线柱相接，另一根表棒与传感器壳体相接。正常工作时，当浮子沉到底时，阻值应为最小（或最大）；随着浮子的抬升，

阻值应逐渐上升或下降），否则应更换传感器。

（9）发动机转速表的检查　如仪表不工作，首先要检查保险是否工作正常，其次，检查是否有线头脱落、松动，搭铁是否正常。

1.3.2　喇叭、刮水器、中控门锁、电动后视镜、电动座椅等辅助电气系统的功能检查方法

1.喇叭的功能检查方法

汽车电喇叭是靠金属膜片的振动从而发出声音。汽车电喇叭由铁心、磁性线圈、触点、衔铁、膜片等组成。当驾驶人按下喇叭开关时，电流经触点通过线圈，线圈产生磁力吸下衔铁，强制膜片移动，衔铁移动使触点断开，电流中断，线圈磁力消失，膜片在自身弹性和弹簧片作用下同衔铁一起恢复原位，触点闭合电路再次接通，电流通过触点流经线圈产生磁力，重复上述动作。如此反复循环膜片不断振动，从而发出声响。

按喇叭开关，如果喇叭有时响，有时不响，多是喇叭开关内部的触点接触不好，有些也是喇叭本身的问题。

喇叭声音沙哑，多是由于插头接触不良，特别是转向盘周围的各个触点，由于使用频繁，容易使触点出现磨损。

喇叭完全不响，首先检查熔丝是否熔断，然后拔下喇叭插头，用万用表测量在按喇叭开关时此处是否有电。如果没有电，应检查喇叭线束和喇叭继电器；如果有电，则是喇叭本身的问题，此时也可以试着调节喇叭上的调节螺母看是否能发声，如果还是不响，则需要更换喇叭。

另外，在使用汽车喇叭时要注意以下事项。

1）洗车时应防止喇叭被淋湿，发现喇叭进水时应尽快用风枪吹干。

2）尽量不要总是长时间按喇叭，这样容易造成喇叭触点过早烧蚀。

3）喇叭出现故障尽量寻求专业维修技师帮助，不要盲目更换喇叭，容易造成不必要的浪费。

2.刮水器的功能检查方法

刮水器的功能是为了清除风窗玻璃上的细小污物或在下雨天保持良好的视野。

为了适应不同的天气，刮水器有不同的档位可供选择，如图 1-13 所示。

钥匙应打到"ON"的状态。

1）1档。INT 是间歇档，刮水器低速间歇式工作，对于一些型号的刮水器其间歇时间可以调节，如图 1-13b 所示。当刮水器杆在间歇位置上时（位置 1），"INT TIME"环可用来调

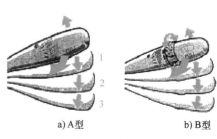

a) A型　　　b) B型

图 1-13　刮水器档位

节刮扫的时间间隔。将环向上转增加刮扫时间间隔，将环向下转则减少。

2）2档。LO是低速档，刮水器低速连续工作。

3）3档。HI是高速档，刮水器高速连续工作。

4）把控制杆上推，则是MIST除雾挡，刮水器点动工作一次。

刮水器主要检查与维护项目如下。

1）检查刮水器在各档位下工作是否正常。

2）检查刮水器在各档位下的刮水效果，不得有条纹式水痕或刮拭不彻底现象。

3）检查当刮水器开关关闭时，刮水器是否停止在其停止位置。

3. 中控门锁的功能检查方法

（1）工作原理及组成　中控门锁的工作原理是将电能转化为机械能，用电动机带动齿轮转动来开关车门。其主要由门锁开关、门锁执行机构、门锁控制器组成。

1）门锁开关。大多数中控门锁开关由总开关和分开关组成，总开关装在驾驶人身旁的车门上，总开关可将全车所有车门锁住或打开；分开关装在其他各车门上，可单独控制一个车门。

2）门锁执行机构。门锁执行机构受门锁控制器的控制，执行门锁的锁定和开启任务。其主要有电磁式、直流电动机式和永磁电动机式三种结构。

3）门锁控制器。它是为门锁执行机构提供锁/开脉冲电流的控制装置，具有控制门锁执行机构通电电流方向的功能，同时为了缩短工作时间，具有定时的功能。按其控制原理大体可分为晶体管式、电容式和车速感应式三种。

（2）遥控原理　中控门锁的无线遥控功能是指不用把钥匙插入锁孔中就可以远距离开门和锁门。

遥控的基本原理：从驾驶人身边发出微弱的电波，由汽车天线接收该电波的信号，经电子控制器ECU识别信号代码，再由该系统的执行器（电动机或电磁线圈）执行启、闭锁的动作。

（3）功能检查方法

1）中央控制。驾驶人锁住身边的车门时，其他车门也同时锁住，驾驶人通过门锁开关同时打开各个车门，也可单独打开某个车门。

2）速度控制。行车速度达到一定值时，各个车门能自行锁定。

3）单独控制。除驾驶人身边车门以外的其他车门，设置有单独的弹簧锁开关，可独立控制一个车门的打开和锁住。

4. 电动后视镜的功能检查方法

（1）组成　电动后视镜的背后装有两套电动机和驱动器，可操纵后视镜上下及左右转动。通常上下方向的转动用一个电动机控制，左右方向的转动用另一个电动机控制。通过改变电动机的电流方向，即可完成后视镜的上下及左右调整。

有的电动后视镜还带有伸缩功能，由伸缩开关控制伸缩电动机工作，使整个后视镜回转伸出或缩回。

（2）工作过程及检查方法　电动后视镜在进行调整时，首先通过左／右调整开关选择好要调整的后视镜，如调整左后视镜时，开关打向左侧，此时开关分别与两个触点接通，再通过控制开关即可进行该镜的上下或左右调整。如果进行向上调整时，可将控制开关推向上侧，此时控制开关分别与向上触点、左上触点结合，调整电动机运转，完成调整过程。

电动后视镜的伸缩是通过电动后视镜的伸缩开关控制的，该开关控制继电器动作，使左右两镜伸缩电动机工作，来完成伸缩功能。

检查电动后视镜功能时，如果电动后视镜都不工作，往往是由于保险装置或电源线路、搭铁线路断路引起的，也可能是控制开关有故障。可以先检查保险装置是否正常，然后检查控制开关线头有无脱落、松动，电源线路或搭铁线路是否正常，最后检修控制开关。

如果电动后视镜部分功能不正常，往往是由于个别电动机及控制开关对应部分有故障，或因对应线路断路、接触不良等引起的。可以先检查线路连接情况，再检查开关和电动机。

5. 电动座椅的功能检查方法

（1）组成　电动座椅的整个系统一般由双向电动机、传动装置和座椅调节器等组成。传动装置包括变速器、联轴器和电磁阀。座椅调节器是由螺旋千斤顶和齿轮传动机构组成。电动机和变速器之间装有联轴器，传动装置和座椅调节器之间用软轴连接。

（2）工作过程及检查方法　电动机大都采用体积小、功率大的永磁型电动机，一般由装在左座侧板上或左门扶手上的开关控制，开关可使某一电动机按不同方向运动。开关接通后，电动机的动力通过齿轮、驱动轴使软轴转动，再驱动座椅调节器运动。当调节器到达行程终点时，软轴停止转动，如此时电动机仍在转动，其动力将被橡胶联轴器所吸收，用来防止座椅万一卡住时，电动机过载损坏。当控制开关断电后，回位弹簧能使电磁阀柱塞和爪形接头分离，使其回到原来位置。为了防止电动机过载，大多数永磁型电动机内装熔丝。电动机的数量取决于电动座椅的类型，通常两向移动座椅安装四个电动机，电动座椅使用电动机最多可达八个。

电动座椅可通过调节开关来完成不同的调节功能。如果电动座椅完全不动作，则是由于熔断器断路、线路断路、座椅开关有故障。可以首先检查熔断器是否断路，其次检查线路连接是否正常，最后检查开关。

如果电动座椅某个方向不能工作，则是由于该方向对应的电动机损坏、开关或连接导线断路。可以先检查线路是否正常，再检查开关和电动机。

1.3.3 空调系统的功能检查方法

1. 对空调系统的要求

1）各部件及管路安装连接牢固。

2）电气线路布置整齐，固定可靠，应与高温、活动部件无接触。

3）各部件应干净、整齐、无损伤。

4）各控制开关扳动应灵活，无异常声响。

5）各传动机构应活动自如，无卡涩现象。用手扳动冷凝风扇应轻便，无摩擦。

6）制冷效果好。

2. 功能检查方法

（1）直观检查（图1-14）　检查空调出风口的出风量，如果出风量不足，检查进风滤清器，如有杂物应清除；听压缩机附近是否有非正常的响声，如果有，检查压缩机的安装情况；检查冷凝器散热片上是否有脏物覆盖，如果有将脏物清除；检查制冷循环系统的各连接处是否有油渍，如果有油渍，说明该处有泄漏，应紧固该处或更换该处的零件；将鼓风机开至低、

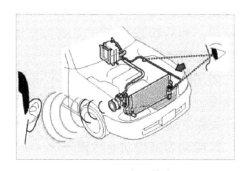

图1-14　直观检查

中、高档，听鼓风机处是否有杂音，检查鼓风机是否运转正常，如果有杂音或运转不正常，应更换鼓风机（鼓风机进入异物或安装有问题也会引起杂音或运转不正常，所以在更换之前要仔细检查）。

（2）检查制冷剂的数量　检查制冷剂的数量有两种方法，一种是通过系统中安装的视液镜检查，另一种是通过检测系统压力检查。

1）通过视液镜检查制冷剂的数量。发动机转速为1500r/min；鼓风机速度控制开关处于"高"位；空调开关处于"开"；温度选择器为"最凉"；完全打开所有车门。此时检查制冷剂的数量（图1-15）：

正常：几乎没有气泡，这说明制冷剂数量正常。

不足：有连续的气泡，这说明制冷剂数量不足。

空或过量：看不到气泡，这说明制冷剂储藏罐是空的或制冷剂过量。

2）通过检测系统压力检查制冷剂的数量。连接歧管压力表，将歧管压力表的高低压开关全部关闭（图1-16）。把加注软管的一端和歧管压力表相连，另一端和车辆侧的维修阀门相连（图1-17）。蓝色软管接低压侧；红色软管接高压侧。连接时，用手而不要用任何工具紧固加注软管。如果加注软管的连接密封件损坏，则要更换。由于低压侧和高压侧的连接尺寸不同，连接软管时不要装反。

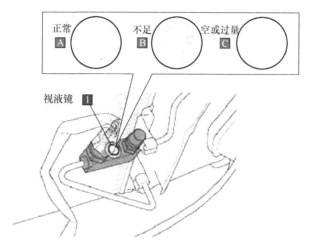

图 1-15 检查制冷剂的数量

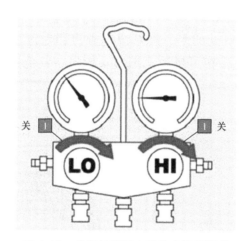

图 1-16 关闭歧管压力表的高低压开关

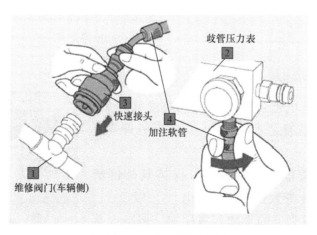

图 1-17 连接歧管压力表

软管和车辆侧的维修阀门连接时，把快速接头接到维修阀门上并滑动，直到听到"咔嗒"声；和压力表连接时，不要弄弯管道。

检测系统压力：起动发动机，在空调运行时检测歧管压力表压力。正常压力（图1-18）：低压侧为 0.15~0.25MPa（1.5~2.5kgf/cm²）；高压侧为 1.37~1.57MPa（14~16kgf/cm²）。压力表所显示压力随外部空气温度变化而有轻微的变化。

（3）检查制冷剂是否泄漏　用电子检漏仪或肥皂水检查系统管路连接处及各部件是否有泄漏。

（4）空调制冷功能的检查　空调制冷功能的检查因车型不同，检查的方法也有所差异，下面以丰田车为例介绍检查的方法（不同车型的检查方法，可参照该种车型的修理手册）。

将车放在阴凉处，预热发动机到正常温度，将车门全开，气流选择为面部出风，进风选择为内循环，鼓风机速度选择最大，温度选择最冷，在发动机转速为 1500r/min 的情况下开启 A/C 开关，5~6min 后测试进风口的湿度和温度及出风口的温度（图1-19）。用进风口处的干、湿球温度查出相对湿度，再算出进风口和出风口的温度差。查表判断是否在可接受范围内。如果在其范围内，则说明制冷性能良好。

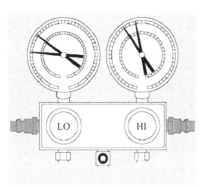

图 1-18　系统的正常压力

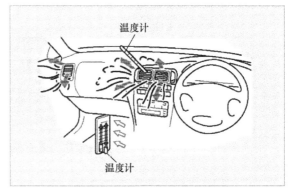

图 1-19　测量进风口的湿度和温度及出风口的温度

1.3.4　蓄电池的功能检查方法

1）首先观察蓄电池外部有无电解液渗漏现象，以确定其外壳有无破裂之处。若有，应进行修理或更换（图1-20）。

2）用清水对蓄电池进行冲洗，保持其外部清洁，以防止表面脏物导致蓄电池自放电。

3）清除极柱桩头上的脏物和氧化物，擦净连接线外部及夹头，清除安装架上的脏物（图1-21）。

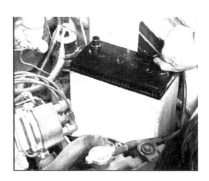

图 1-20　检查蓄电池外壳

4）检查加液孔盖通气孔是否畅通（图 1-22）。

5）检查蓄电池的固定状况。检查蓄电池在车上的安装是否牢固，导线、夹头与两极接线柱连接是否紧固。

图 1-21　清洁极柱桩头

图 1-22　检查通气孔

1.4　技能训练

技能训练一　清洁、更换空气滤清器

1. 训练准备

1）实训车辆 1 台。

2）常用修理工具 1 套。

3）气泵 1 台。

2. 训练要求

1）掌握空气滤清器的检查和清洁方法。

2）掌握滤芯的更换方法。

3. 基本操作步骤

操作步骤描述：拆卸→检查→清洁→更换→安装。

步骤 1：松开滤清器锁扣，用抹布擦拭空气滤清器外部，防止杂质掉入里面，取出滤芯，如图 1-23 所示。

步骤 2：外观检查。检查滤清器外壳有无凹陷、破损，若有应进行修整或更换，如图 1-24 所示。

步骤 3：清洁滤芯。通常车辆行驶到 8000km 左右，应取出滤芯进行清洁。清洁滤芯时用空气压缩机的空气从滤芯内侧开始，上下均匀沿斜角方向吹净滤芯内外表面的灰尘；如果没有压缩空气，可用木棒轻轻敲打滤芯，再用毛刷刷净外部污垢，如图 1-25 所示。

图 1-23 松开滤清器锁扣

图 1-24 检查滤清器外观

注意：不得用大力敲打或碰撞滤芯。严禁用汽油或水洗刷滤芯。

步骤 4：更换滤芯。车辆每行驶 24000km 应更换滤芯，如图 1-26 所示。

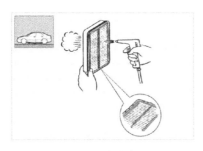

图 1-25 清洁滤芯

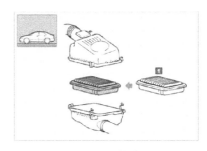

图 1-26 更换滤芯

说明：在更换滤芯时，即使没有到行驶里程，若发现滤芯过脏、破裂和含油污，也应更换滤芯。

步骤 5：安装空气滤清器。按其拆卸相反的顺序，将各部件安装好。

注意：必须可靠地装好滤芯，不宜用手或器具接触滤芯的纸质部分，尤其不能让油类污染滤芯。

知识链接：

（1）可洗型空气滤清器的检查清洁方法　检查空气滤清器滤芯是否有泥土、阻塞或者破裂情况。使用压缩空气完全吹出滤芯内部的灰尘。将滤芯浸入水中并且上下移动 10min 或者更长时间，重复该过程直到水干净为止，如图 1-27 所示。

通过摇晃滤芯或者在其上面吹压缩空气将多余的水清除掉。切勿敲打或者跌落滤芯。擦掉空气滤清器壳内部的灰尘。检查垫片是否牢固地安装于空气滤清器滤芯中以及垫片是否有裂纹或者损坏。

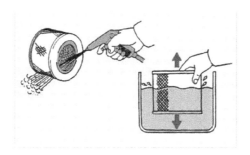

图 1-27　清洗滤芯

（2）油浴型空气滤清器的检查清洁方法　拆卸空气滤清器壳体。通过在煤油中搅动和擦洗来清洗油盖和空气滤清器，用干净的布擦干油盖和空气滤清器；将油盖放在一个水平工作台上，加注清洁的发动机机油直到其达到油位标记；将空气滤清器放在托盘中，然后使用清洁的发动机机油浸泡空气滤清器，如图 1-28 所示。

图 1-28　油浴型空气滤清器的检查清洁方法

（3）旋风型空气滤清器的检查清洁方法　检查空气滤清器滤芯是否有泥土、阻塞或者破裂情况。使用压缩空气清洁滤芯，快速和彻底地从里面吹气；取出集尘器并且将尘土从里面清除，然后清洁集尘器的里面；检查滤芯是否牢固地安装于空气滤清器中以及滤芯是否有裂纹或者损坏，如图 1-29 所示。

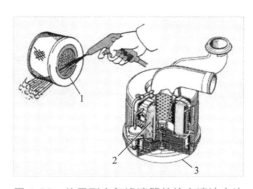

图 1-29　旋风型空气滤清器的检查清洁方法

1—旋风型空气滤清器　2—空气滤清器滤芯　3—集尘器

技能训练二 检查、更换机油（滤清器）

1. 训练准备

1）实训车辆 1 台。

2）常用修理工具 1 套。

3）机油接收器 1 台。

4）举升器 1 台。

5）软布若干。

2. 训练要求

1）掌握机油油量、油质、压力的检查方法。

2）掌握机油的更换方法。

3. 基本操作步骤

> **操作步骤描述：机油油量的检查→机油油质的检查→机油压力的检查→机油的更换。**

步骤 1：机油油量的检查。

1）选择发动机起动前或停机 10~15min 后，将车辆停放在平坦的地面上。

2）拔出油标尺，用洁净软布擦去油标尺上面黏附的机油，将油标尺再次插入油底壳，如图 1-30 所示。

3）拔出油标尺，观察油标尺上机油黏附高度，如图 1-31 所示。

图 1-30 插入油标尺

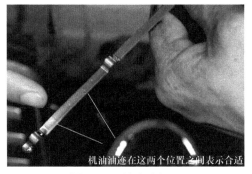

机油油迹在这两个位置之间表示合适

图 1-31 检查油标尺

说明：油标尺上的两条刻线，上刻线"F"表示机油的最多量，下刻线"L"表示机油的最少量。若机油油迹处于上下刻线中间，说明油量合适；若机油油迹低于下刻线，则表示油量不足，应添加相同规格的机油；若机油油迹高于上刻线，则表示油量过多，应适当放出。

步骤 2：机油油质的检查。

1）起动发动机，待达到正常工作温度后停机。

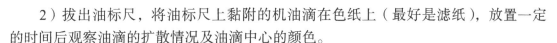

2）拔出油标尺，将油标尺上黏附的机油滴在色纸上（最好是滤纸），放置一定的时间后观察油滴的扩散情况及油滴中心的颜色。

① 油滴的中心部分呈深灰色、褐色且透明，则属正常，机油可继续使用（图1-32a）。

② 若油滴呈乳液状且油滴的扩散范围较大，外围颜色较浅，说明机油中掺入了燃油或冷却液，则机油已不能继续使用，应更换（图1-32b）。

③ 若油滴上积聚较多金属微粒或黑色沉淀物，说明机油已老化变质，应更换（图1-32c）。

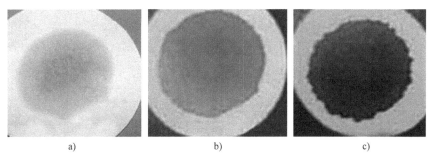

a)　　　　　　　　　　b)　　　　　　　　　　c)

图 1-32　机油油质的检查

步骤 3：机油压力的检查。起动发动机，使其运转至正常工作温度，在不同的运转工况下检查机油压力是否正常。

1）若车辆仪表盘上装有机油压力表，可通过机油压力表检查发动机不同工况下的机油压力。

2）若车辆仪表盘装有油压过低指示灯，怠速工况时指示灯应熄灭。

3）用专用的机油压力表检查时，可用专用工具拆下油压传感器，如图1-33所示。装上机油压力表，使发动机处于不同的运转工况，观察机油压力表的读数，如图1-34所示。

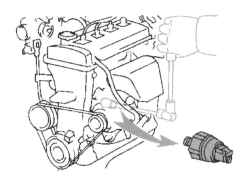

图 1-33　拆下油压传感器

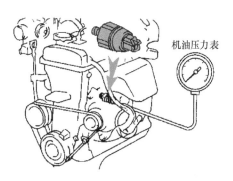

图 1-34　机油压力的检查

步骤 4：机油的更换。

1）将车辆停放在平坦的地面上，起动发动机并使其处于热状态，然后熄火，将车辆升起。

2）拧下油底壳上的放油螺塞，趁热放出机油。

说明：机油接收器的高度与车辆底盘的高度要合适，不可过低或过高；机油接收器与油底壳的位置要相对应，不要出现机油溅到外部甚至流到地面的现象，如图 1-35 所示。

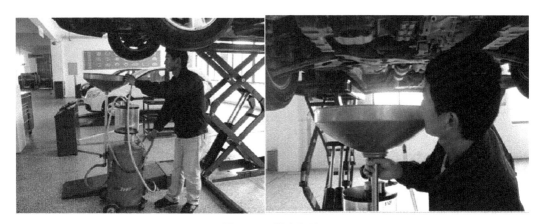

图 1-35　放出机油

3）加注规定容量 650~700mL 的稀薄机油，起动发动机怠速运转 3~5 min，熄火后放出油底壳和滤清器内的机油，如图 1-36 所示。

4）用机油滤清器专用扳手拆卸机油滤清器，放净机油，如图 1-37 所示。

图 1-36　放出清洗油

图 1-37　拆卸机油滤清器

5）擦干净机油滤清器座。

6）先在未安装的新滤清器上倒上一点机油，并且涂匀在滤清器的表面上，使滤清器首先润滑，如图 1-38 所示。

7）安装新的机油滤清器，如图 1-39 所示。

8）拧紧油底壳的放油螺塞，如图 1-40 所示。

图 1-38　润滑滤清器表面

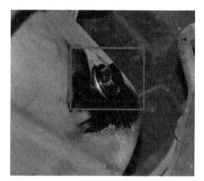

图 1-39　安装新的机油滤清器　　　　　　　图 1-40　拧紧放油螺塞

9）按规定容量加注新鲜的机油，如图 1-41 所示。

10）检查油底壳内的机油液面高度，应符合规定的高度，如图 1-42 所示。

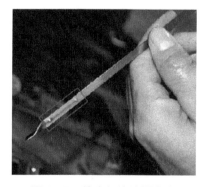

图 1-41　加注新鲜的机油　　　　　　　图 1-42　检查机油液面高度

说明：发动机机油使用一定时期后，会逐渐失去润滑性能，必须及时更换。车辆运行条件不同，换油的周期也不相同。例如：车辆行驶在灰尘多的道路上、寒冷季节、潮湿地区等，应适当缩短换油周期。除超出运行周期外，在运行中出现以下情况，也必须更换机油。

1）车辆磨合期结束。

2）发现机油中有水或燃油，机油变质或机油黏度过小。

3）发动机出现轴承烧蚀或某机件严重磨损，机油中有大量金属屑。

技能训练三　补充、更换发动机冷却液

1.训练准备

1）实训车辆1台。

2）常用修理工具1套。

3）水桶1个。

2.训练要求

1）掌握冷却液的检查方法。

2）掌握冷却液的更换方法。

3.基本操作步骤

> **操作步骤描述：冷却液的检查→冷却液的更换。**

步骤1：冷却液的检查。

1）冷却液液面的检查应在冷机状态下进行。

2）液面应位于"max"和"min"两线之间，如图1-43所示。若液面低于"min"线时，应添加冷却液至"max"线。

图1-43　冷却液液面的检查

步骤2：冷却液的更换。

1）将车辆停放在水平地面上，准备好盛冷却液的容器。

2）拧下散热器盖或膨胀水箱盖。

注意：若发动机处于热状态，则不要急于将盖拧下，以防热的冷却液喷出烫伤手脸。如急于打开，须在 15min 后用较厚的布垫在散热器盖上或包住散热器盖，慢慢拧松散热器盖，待散热器泄压后再拧开散热器盖。

3）将散热器和气缸体上的放水开关拧开。无放水开关时可拆下散热器与水泵间的连接软管，如图 1-44 所示。装有暖风装置的车辆，应将暖风上的温度选择开关调到全开位置。将冷却液盛于容器内，直至放净。

4）关好放水开关。

5）选择合适的冷却液，从散热器或膨胀水箱口加注冷却液，加满后装好散热器盖，如图 1-45 所示。

图 1-44　拆下连接软管

图 1-45　加注冷却液

6）起动发动机试运转，手摸散热器上部，感到热时表示发动机缸体内的水已流入散热器。停转发动机，打开散热器盖，若液面下降应再添加冷却液，直到散热器或膨胀水箱的液面达到最高标记处。

技能训练四　检查轮胎气压

1. 训练准备

1）实训车辆 1 台。

2）轮胎气压计 1 个。

3）常用修理工具 1 套。

2. 训练要求

1）正确测量轮胎气压。

2）判断轮胎气压是否符合要求。

3. 基本操作步骤

操作步骤描述：安装轮胎气压计→测量→判断→拆卸轮胎气压计。

步骤 1：车辆需停放于平地，务必在冷车时测量轮胎压力。

步骤 2：取下轮胎的气门嘴盖，将轮胎气压计的测压嘴对准轮胎上的气门嘴垂直用力压入，如图 1-46 所示。

注意：压入的速度需要迅速，以免导致轮胎内的空气泄漏。

步骤 3：根据车门侧的轮胎气压要求，并结合经验，确定轮胎气压是否符合要求。

步骤 4：如果轮胎气压过高，该轮胎气压计可用于放气；如果轮胎气压过低，应立即补气至安全轮胎气压，并重新测量查核准确轮胎气压。

图 1-46　检查轮胎气压

步骤 5：检查完轮胎气压后，查看是否漏气，确认无漏气后将气门嘴的防尘帽拧上。

技能训练五　检查轮胎纹深

1. 训练准备

1）实训车辆 1 台。

2）轮胎花纹深度尺 1 个。

2. 训练要求

正确检查轮胎纹深。

3. 基本操作步骤

操作步骤描述：安放轮胎花纹：深度尺→测量。

步骤 1：将轮胎花纹深度尺的尖端，伸入轮胎胎面的同一横截面几个主花纹沟中，测量它的深度，得出一组数值，如图 1-47 所示。

步骤 2：从各种数值中得出平均数。

说明：一般来说，当轮胎磨耗到胎面花纹沟深仅剩 1.6mm 时，就必须更换。这时纵贯胎面的"磨耗标记"胶条便会明显显露出来，表示应该马上更换轮胎。

图 1-47　用轮胎花纹深度尺检查轮胎

技能训练六　检查、更换变速器润滑油

1. 训练准备

1）实训车辆 1 台。

2）常用修理工具 1 套。

3）润滑油盆 1 个。

2. 训练要求

1）掌握变速器润滑油的检查方法。

2）掌握变速器润滑油的更换方法。

3. 基本操作步骤

操作步骤描述：清洁→检查→更换。

步骤 1：清洁。

1）清洁变速器外部，检查变速器壳及各端盖、油封有无裂纹及漏油现象。

2）注意通气孔的清洁，要畅通无阻。

步骤 2：变速器润滑油数量的检查。

1）将汽车停放在平坦的地面上，润滑油要保持常温。

2）清除加油螺塞周围的油污，拆下加油螺塞（图 1-48）。

3）用手或用一根细杆插入加油孔检查润滑油液面。润滑油液面与加油孔下边缘平齐或略低于加油孔下边缘（不超过 10mm），如图 1-49 所示。

图 1-48　拆下加油螺塞

图 1-49　检查润滑油液面

4）润滑油不足应添加，用齿轮油加注器或用长颈漏斗添加。

步骤 3：变速器润滑油质量的检查。

检查润滑油质量，用手指碾压润滑油，如果润滑油稠度降低，很稀，说明润滑油失效；如果润滑油中有杂质或变黑，说明润滑油变质应更换（图 1-50）。

步骤 4：变速器润滑油的更换。

1）汽车行驶一段时间，待油温升高后，将汽车停放在平坦的地面上，在变速器放油螺塞下面放一油盆。

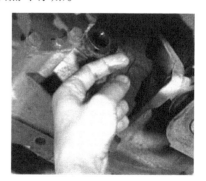

图 1-50　检查润滑油质量

2）旋下放油螺塞，趁热放出润滑油。放净后，再旋上放油螺塞，如图1-51所示。

3）旋下加油螺塞，加上2/3润滑油量的清洗油（含5%润滑油的汽油或煤油）。

4）支起驱动桥，发动机以怠速或稍高于怠速运转，分别挂入各档位，清洗变速器1~2min。

5）清洗完毕，放净清洗油。

6）旋紧放油螺塞，按规定加足润滑油。

7）旋紧加油螺塞。

说明：一般情况下，润滑油的更换每隔24000km进行一次。

图1-51 放润滑油

技能训练七 检查、更换制动液

1. 训练准备

1）实训车辆1台。

2）常用修理工具1套。

3）废油回收罐2个。

2. 训练要求

1）掌握制动液的检查方法。

2）掌握制动液的更换方法。

3. 基本操作步骤

> **操作步骤描述：检查→更换。**

步骤1：制动液液面的检查。

制动液储液室位于发动机舱内制动主缸的上方，在其上面有制动液面最高（MAX）和最低（MIN）标记，在正常情况下，制动液液面应处于"MAX"和"MIN"之间（图1-52）。

步骤2：制动液的更换与排气。

1）将车轮拆下，在放气阀处接一根透明的塑料管（图1-53）。

2）拧松放气阀，放出旧制动液（图1-54）。

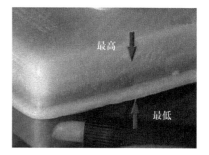

图1-52 制动液液面

3）同时连续踩下制动踏板，直到制动液不再流出为止（图1-55）。

4）拧紧放气阀，向储液室内加入符合要求的制动液。同时，排出液压管路内的空气。排气由两人配合进行，一个人在驾驶室内连续踩动制动踏板，车下另一人拧松放气阀，使管路中的空气排出（图 1-56）。

图 1-53　接管

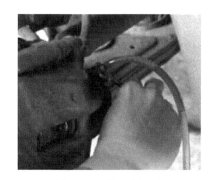

图 1-54　放出制动液

图 1-55　踩下制动踏板

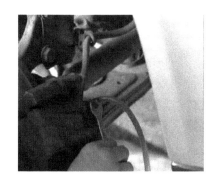

图 1-56　排气

5）当空气和制动液一同排出时立即拧紧放气阀，如此反复多次，直到塑料管内没有气泡排出为止，然后拧紧放气阀并装好防尘套（图 1-57）。

6）更换制动液，也可以使用换油机。用相应的连接盖将充液软管连接到车辆制动总泵的储液室上，拧紧以保证密闭性良好（图 1-58）。

图 1-57　更换完毕

图 1-58　换油机更换制动液

7）将新的制动液用漏斗倒入换油机内（图 1-59）。

8）将废油回收罐依次挂在车轮上，拧开车轮制动分泵上的放油螺钉，再将废油回收罐上的软管连接到放油接口上，然后打开换油机的电源，起动换油机。换油机可自动顶出旧油和空气（图 1-60）。

图 1-59　倒油

图 1-60　换油

9）随着车轮废油回收罐内的液面逐渐上升，观察流经管路的制动液颜色，待颜色由深灰色或黑色变为半透明黄色新油后即可结束。而后按同样的步骤再移至其他车轮进行一遍，总计能够被压出的废油应该刚好为 2L 左右（图 1-61）。

说明：放油的顺序为右后轮、左后轮、右前轮、左前轮。

10）更换结束后，及时将放油螺钉拧紧，并擦干净一旁的油渍，检查一下是否有轻微的渗漏（图 1-62）。

图 1-61　废油

图 1-62　拧紧放油螺钉

技能训练八　加注空调制冷剂

1. 训练准备

1）实训车辆 1 台。

2）真空泵 1 台。

3）歧管压力表 1 块。

4）电子检漏计 1 个。

5）常用修理工具 1 套。

2. 训练要求

1）能够对空调系统进行外观检查。

2）能够对空调制冷功能进行检查。

3）正确检查制冷剂的数量。

4）正确加注制冷剂。

3. 基本操作步骤

> **操作步骤描述：空调系统的直观检查→制冷剂数量的检查→空调制冷功能的检查→制冷剂的加注。**

空调系统的检查在前面已经叙述过了，在这里只介绍空调制冷剂的加注方法。

制冷剂的加注工作分为两种：一种是空调系统内部制冷剂不足，进行补充；另一种是空调系统中无制冷剂，重新加注。如果制冷剂不足，需检查系统是否有泄漏的地方，在确认系统无泄漏后，可进行补充。如果空调系统更换了零件或因其他原因制冷剂全部漏完，则需重新加注，重新加注制冷剂时应先对系统进行抽真空作业，以抽去空调系统的水分，防止因水结冰堵塞空调系统的管路。下面介绍重新加注制冷剂的步骤。

1）按前述方法安装歧管压力表，将绿色软管的一端接压力表的中部，另一端接真空泵	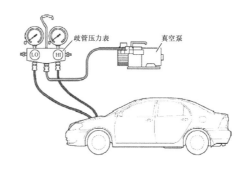
2）打开歧管压力表高压侧和低压侧两侧的阀门，开启真空泵抽空，抽空至歧管压力表低压侧显示为750mmHg（1mmHg=133.322Pa）或更高，保持750mmHg或更高的显示压力，抽空10min	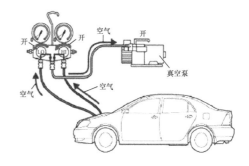

（续）

3）关闭歧管压力表高压侧和低压侧两侧的阀门，关闭真空泵

注意：如果关闭真空泵时两侧的阀门（高压侧和低压侧）都开着，则空气会进入空调系统

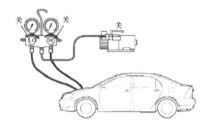

4）检查系统密封性。真空泵停止后，高压侧和低压侧两侧的阀门关闭 5min，歧管压力表的读数应保持不变

提示：如果显示压力增加，则有空气进入空调系统，检查 O 形圈和空调系统的连接状况。如果抽空不足，空调管道内的水分会冻结，这将阻碍制冷剂的流动并导致空调系统内部生锈

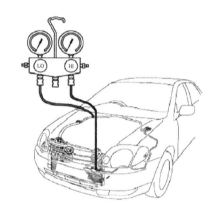

5）安装制冷剂罐

① 连接阀门和制冷剂罐，检查制冷剂罐连接部件的盘根，逆时针转动手柄升起针阀，逆时针转动阀盘升起阀盘

注意：要在针阀升起前安装制冷剂罐，否则针阀会插进制冷剂罐从而导致制冷剂泄漏；不要顺时针转动手柄，否则针阀将插进制冷剂罐，从而导致制冷剂泄漏

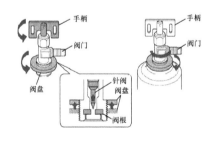

② 把制冷剂罐安装到歧管压力表上，完全关闭歧管压力表低压侧和高压侧的阀门；顺时针转动手柄直到针阀在制冷剂罐上钻个孔；逆时针转动手柄退出针阀；按下歧管压力表的空气驱除阀放出空气直到制冷剂从阀门释出

注意：如果用手按下空气驱除阀，释放出的空调气体就会沾到手上等处，从而冻伤，因此要用螺钉旋具等按住阀门

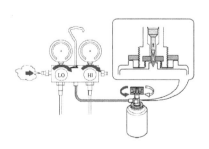

（续）

6）从高压侧加注制冷剂

① 发动机不工作时，打开高压侧阀门加入制冷剂直到低压表到 0.98MPa（10kgf/cm²）左右，加注后，关闭阀门

注意：一定不要让压缩机工作，空调压缩机运行时，不从低压侧加注将导致空调压缩机缺油拉伤；也不要打开低压侧阀门，制冷剂在空调压缩机内通常为气体状态，如果从高压侧加注而低压侧阀门开着，液态制冷剂进入低压侧，此时若空调压缩机开始工作就会出现液击而损坏

② 检查漏气

用电子检漏计按图示的部位检测系统漏气的情况

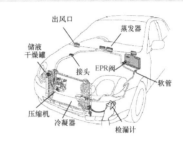

7）从低压侧加注制冷剂

① 关闭高压侧阀门后，起动发动机并运行空调

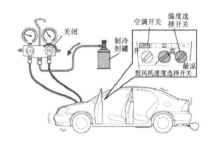

② 将发动机转速调整为 1500r/min；鼓风机速度选择开关处于"高"位；A/C 开关置于"开"；温度选择为"最凉"；完全打开所有车门。然后打开歧管压力表，加入规定量的制冷剂

提示：加注量随车型不同而不同，应参照相关的说明书

注意：低压侧加注制冷剂时，制冷剂罐倒置将使制冷剂以液态进入压缩机。压缩液体将损坏压缩机，不要加注过量，否则将导致制冷不足

更换制冷剂罐时，关闭高低压两侧的阀门

更换后，打开空气驱除阀从中部的软管（绿色）和歧管压力表中放出空气

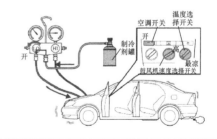

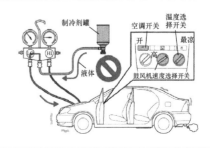

（续）

③ 发动机工作时不要打开高压侧的阀门，这将导致高压气回流至制冷剂罐，造成破裂	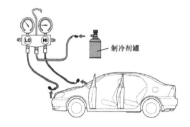制冷剂罐
④ 根据歧管压力表的压力显示检查制冷剂的加注量：在制冷剂加注量达到规定量时，歧管压力表的压力也应达到规定值 提示：歧管压力表所显示压力随外部空气温度变化而有轻微的变化	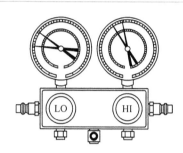
⑤ 制冷剂加注量符合要求后，关闭低压侧阀门并关闭发动机	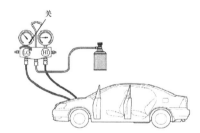
8）把加注软管从车辆侧维修阀门和制冷剂罐阀门上拆掉	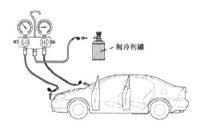制冷剂罐
9）最后检查制冷剂的加注量是否合适，空调系统运转是否正常；通过观察孔检查加注量；检查漏气和空调制冷状况	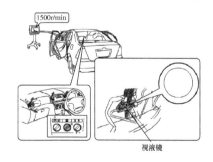视液镜

技能训练九　蓄电池的维护

1. 训练准备

1）实训车辆 1 台。

2）玻璃管 1 根。

3）蒸馏水 1 桶。

4）常用修理工具 1 套。

2. 训练要求

1）正确清洁蓄电池。

2）正确检查蓄电池液面高度。

3）正确补充电解液。

3. 基本操作步骤

> **操作步骤描述：清洁蓄电池外部→检查蓄电池液面高度→补充电解液。**

步骤 1：清洁蓄电池外部。

1）检查蓄电池及各极柱导线夹头的固定情况，应无松动现象。

2）检查蓄电池壳体应无开裂和损坏现象，极柱和夹头应无烧损现象，否则，应将蓄电池从车上拆下修复。

3）擦净蓄电池外部灰尘，如果表面有电解液溢出，可用布擦干。清除极柱桩头上的脏物和氧化物，擦净连接线外部及夹头，清除安装架上的脏物。疏通加液口盖通气孔，并将其清洗干净。安装时，在极柱和夹头上涂一薄层工业凡士林。

步骤 2：检查蓄电池液面高度。

1）如图 1-63 所示，用一根内径为 6~8mm、长约 150mm 的玻璃管，垂直插入加液口内，直至极板边缘为止。

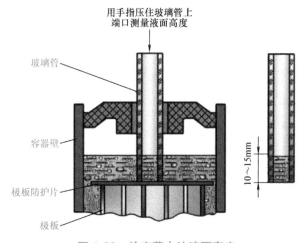

图 1-63　检查蓄电池液面高度

2）用拇指压紧管上口，用食指和无名指将玻璃管夹出，玻璃管中电解液的高度即为蓄电池内电解液高出极板的高度，应为 10~15mm。

3）最后再将电解液放入原单格电池中。

步骤3：补充电解液。如果电解液液面过低，应及时补充蒸馏水或市场上销售的蓄电池补充液，不要添加自来水、河水或井水，以免混入杂质造成自行放电的故障；也不要添加电解液，否则，会使电解液浓度增大而缩短蓄电池的使用寿命。

注意：电解液液面不能过高，以防充、放电过程中电解液外溢造成短路故障（图1-64）。调整液面之后应对蓄电池充电 0.5h 以上，以便使加入的蒸馏水能够与原电解液混合均匀。否则，在冬季会使蓄电池内结冰。

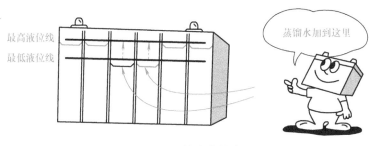

图 1-64　补充蒸馏水

复习思考题

    1. 汽车维护的基本原则是什么？

    2. 汽车维护的目的是什么？

    3. 汽车维护是如何分级的？

    4. 汽车一级维护的周期是多少？

    5. 汽车二级维护的周期是多少？

    6. 汽车维护的主要工作内容是什么？

    7. 发动机一级维护作业项目有哪些？

    8. 发动机一级维护技术要求有哪些？

    9. 发动机机油是如何分类的？

    10. 如何选用发动机机油？

    11. 发动机机油使用应注意哪些事项？

    12. 发动机对冷却液的性能有哪些要求？

    13. 乙二醇型冷却液的特性是什么？

    14. 如何选用乙二醇型冷却液？

    15. 使用乙二醇型冷却液应注意哪些事项？

16. 如何检查发动机机油泄漏情况？

17. 如何检查发动机冷却液泄漏情况？

18. 如何检查冷却液冰点？

19. 空气滤清器清洁方法有哪些？

20. 底盘一级维护项目有哪些？

21. 底盘一级维护技术要求是什么？

22. 车轮总成由几部分组成？

23. 轮胎是如何分类的？

24. 更换轮胎时应注意哪些事项？

25. 如何检查轮胎气压？

26. 如何检查照明与信号系统、报警装置、仪表的功能？

27. 如何检查喇叭、刮水器、中控门锁、电动后视镜、电动座椅等辅助电气系统的功能？

28. 对空调系统的具体要求有哪些？

29. 如何检查空调制冷剂的数量？

30. 如何检查空调制冷功能？

31. 如何清洁蓄电池外部及极桩？

32. 如何检查蓄电池电解液液面高度？

33. 怎样更换空气滤清器？

34. 怎样更换机油（滤清器）？

35. 如何补充发动机冷却液？

36. 怎样检查轮胎纹深？

37. 如何检查、更换变速器润滑油？

38. 如何更换制动液？

39. 如何加注空调制冷剂？

Chapter 2

项目 2
发动机检修

2.1 发动机总成拆装

2.1.1 发动机总成的拆卸

现在我们以桑塔纳 3000 汽车（带 AYJ 发动机）为例，叙述发动机总成从汽车上拆卸的过程。

1. 车辆准备（图 2-1）

1）汽车进入工位前，将工位清理干净，准备好相关器材。

2）套上转向盘护套、变速器手柄套和座位套，铺设脚垫。

图 2-1 车辆准备

3）正确停放车辆，在车轮处放置车挡块。

4）打开发动机舱盖，安装磁性护垫。

5）清洁发动机舱并对燃油油路进行泄压处理。

2. 车辆举升（图 2-2）

1）将车辆停放在举升器内。

2）使举升器的四个举升臂分别与车辆前后支承点相接触。

3）举升车辆，当车辆的四个轮胎被举升至刚离开地面时，用手摇动车身，检查车辆支承，应牢固可靠。

4）车辆举升到所需高度后，检查各支点的固定情况，确认安全后再进行其他作业。

5）拆装过程中根据需要随时调整举升高度。

注意：下降时应先确认车辆不会压着人和其他物体。

3. 拆卸散热器及冷却系统附件

1）关闭点火开关，拆下蓄电池的搭铁线。

2）旋开冷却系统膨胀水箱盖。

3）拆下油底壳下部的导流板固定螺栓，拆下导流板。

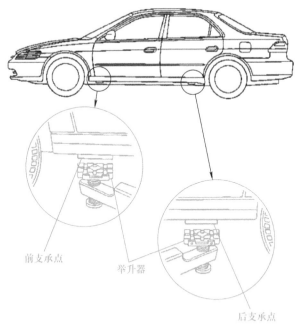

前支承点

举升器

后支承点

图 2-2 车辆举升

4）在发动机底部放置冷却液收集器。

5）松开散热器下橡胶水管抱箍，拆下散热器下橡胶水管，放出冷却液。

6）从支座上拔下散热器电动风扇的两个插头。

7）拔下散热器左侧的电动风扇双速热敏开关插头。

8）松开散热器上橡胶水管固定抱箍和散热器排气管固定抱箍，拆下冷却液上橡胶水管和排气管。

9）松开水泵进水口处的散热器下橡胶水管固定抱箍，拆下冷却液下橡胶水管。

10）拆下散热器电动风扇的固定螺栓，拆下散热器电动风扇和散热器。

11）拆下发动机水套排气管。

12）拆下出水管接头处的冷却液上橡胶水管固定抱箍，拔下冷却液上橡胶水管。

13）拆下出水管接头处的暖风热交换器的冷却液软管固定抱箍，拔下通往热交换器的冷却液软管。

14）拆下节气门热水管和膨胀水箱水管，拆下膨胀水箱。

4. 放出自动变速器油和机油

1）在自动变速器下方放置集油盘。

2）拆下自动变速器油管，放出自动变速器油。

3）拆下油底壳左侧的自动变速器油管支架螺栓。

4）在发动机油底壳下方放置集油盘。

5）旋下油底壳放油螺塞，放尽机油。

注意：所抽取的机油必须用干净的容器予以收集，用于处理或再使用。机油不能直接排到地上或下水道内，以免对环境产生污染。

5. 拆下电线插头及附件

1）拆下蓄电池正极线和搭铁线，拆下蓄电池固定卡子。

2）将蓄电池向外拉出少许，取出蓄电池。

3）松开蓄电池支架固定螺栓，拆下蓄电池支架。

4）拆下发动机罩盖。

5）拔下冷却液温度传感器、机油压力传感器、爆燃传感器、氧传感器、发动机转速传感器和点火控制器的电线插头。

6）拔下喷油器控制电线插头、节气门位置传感器插头、凸轮轴位置传感器插头、进气温度传感器插头，将线束整理到一边。

7）脱开发动机舱隔板附近的所有电线插头。

8）分别拔出发动机控制单元（ECU）两插头的卡簧手柄，从 ECU 上取下两电线插头。

9）拆下进气管口处的导气盒。

10）拔下空气流量计电线插头。

11）用十字槽螺钉旋具拆下空气流量计固定螺栓，从空气滤清器上拆下空气流量计。

12）拔下活性炭罐电磁阀的电线插头，从空气滤清器上拆下活性炭罐电磁阀。

13）拆下空气滤清器至节气门体之间的进气软管。

14）拆下空气滤清器盖，取出空气滤芯。

15）拆下空气滤清器。先脱开空气滤清器底部的固定夹，再往上拔出一点，然后向发动机方向取出空气滤清器。

16）拆下节气门前方的进气管抱箍，取下曲轴箱通风管和进气管。

17）拆下制动助力器真空管的抱箍，取下真空管。

18）拔出通往活性炭罐的真空管。

19）从分油管上拆下进油管和回油管。

20）拔下节气门拉索上的调整锁片，从节气门控制臂上拆下节气门拉索。

21）拆下节气门拉索支架。

6. 拆下空调压缩机（图 2-3）

1）松开空调压缩机与支架的连接螺栓，取下空调压缩机传动带。

注意：拆下传动带前做好方向记号，装复使用时应按原方向装回，以免损坏传动带。

2）移开空调压缩机并用绳子将其固定在副梁上。

3）如果要松开空调软管，应用专用设备抽取制冷剂，不能将制冷剂直接排到大气中。

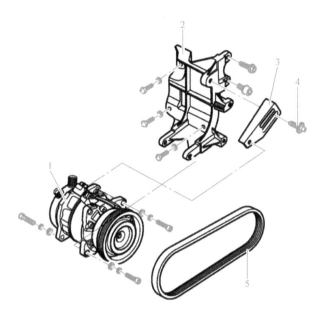

图 2-3　拆下空调压缩机

1—空调压缩机　2—压缩机支架　3—传动带张紧支架　4—传动带张紧力调节螺栓　5—压缩机传动带

7. 拆下发电机（图 2-4）

1）使用扳手顺时针方向扳动张紧轮，使发电机传动带松开，并用销固定张紧轮。

2）从发电机上取下发电机传动带。

3）从张紧轮上取下销。

4）拆下发电机电线插头，使其与导线脱开。

5）拆下起动机导线，并给导线做好记号，以便能正确安装。

6）松开发电机与支架的上、下连接螺栓。

轻轻转动发电机，拔下下部连接螺栓，取下发电机。

8. 拆动力转向液压泵

1）松开动力转向液压泵传动带轮的螺栓，取下传动带。

2）从支架上拆下动力转向液压泵，并将其固定在发动机舱内一侧。

9. 脱开排气管

1）拆下排气管吊架（图 2-5）。

2）旋下排气歧管与排气管的连接螺栓，使两者分离。

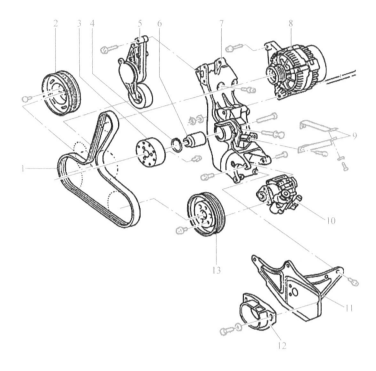

图 2-4　拆下发电机

1—传动带　2—曲轴传动带轮　3—过渡轮　4—保持夹　5—传动带张紧轮　6—过渡轮轴
7—支架　8—发电机　9—支架　10—动力转向液压泵　11—支架
12—扭力臂限位块　13—动力转向液压泵传动带轮

10. 将变速器与发动机分离

1）松开车身上的搭铁线。

2）脱开发动机的电线，并从变速器壳体上拆下发动机。

3）拔下变速器上的车速传感器和倒车灯开关电线插头。

4）拆下发动机右线束。

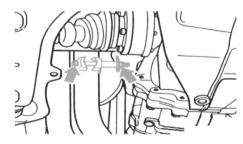

图 2-5　拆下排气管吊架

5）拆下液力变矩器与飞轮的连接螺栓（自动变速器车辆）。

6）拆下发动机与变速器连接处的支架。

7）拆下传动轴，并将它们密封好，防止灰尘进入。

8）使用专用支架固定变速器。

9）拆下发动机与变速器的所有连接螺栓。

10）拆下变速器前部支架（手动变速器车辆），如图 2-6 所示。

11）拆下后部支架与变速器支承的连接螺栓（图 2-7）。

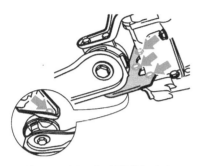 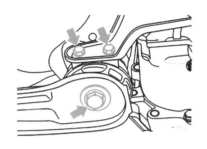

图 2-6　拆下变速器前部支架　　　图 2-7　拆下后部支架与变速器支承的连接螺栓

12）拆下发动机前部与车身的连接扭力臂固定螺栓（图 2-8）。

13）拆下发动机纵向定位螺栓（图 2-9）。

14）使变速器稍向后移动，拆下中间金属片。

15）将变速器与发动机分离，同时将液力变矩器和传动盘与飞轮分离（自动变速器车辆）。

16）用金属线将液力变矩器固定在变速器内，防止其倾倒。

图 2-8　拆下发动机前部与车身的连接扭力臂　　图 2-9　拆下发动机纵向定位螺栓
　　　　　固定螺栓

11. 取出发动机总成

1）拆下发动机液压支承座螺母。

2）用专用吊架和起重机小心地从发动机舱内取出发动机总成（图 2-10）。

3）拆下离合器总成。

注意：

1）为确保重心平衡，防止发动机侧翻，应按图 2-10 所示位置装好吊架。

2）起吊前应确保发动机与车身间的软管和导线已经拆开。

图 2-10 取出发动机总成

2.1.2 发动机总成的安装

我们仍以桑塔纳 3000 汽车（带 AYJ 发动机）为例，叙述发动机总成从汽车上安装过程。

1. 吊装发动机总成

1）先用定心轴将离合器从动盘与飞轮中心定位，装上离合器按规定力矩拧紧（图 2-11）。

2）用专用吊架和起重机将发动机总成放入发动机舱内。

3）清理发动机周围的零件，防止被压损坏。

注意：安装过程中不能将管路和导线压坏。

发动机舱空间窄小，所有管路、导线都必须按原位置装回，并与运动部件及发热部件间留有足够的间隙。

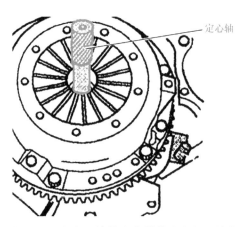

定心轴

图 2-11 用定心轴将离合器从动盘与飞轮中心定位

2. 装上变速器

1）变速器轴上涂上薄薄一层润滑脂，装上变速器。

注意：发动机与变速器间的定位销应定位可靠。

2）装上变速器与发动机的连接螺栓，用扳手以 60N·m 的力矩拧紧连接螺栓。

3）装上发动机两侧与车身的固定螺栓。

4）装上液力变矩器与飞轮的连接螺栓（自动变速器车辆），并按规定力矩拧紧。

5）装上发动机电源线和控制线。

6）装上变速器前部支架（手动变速器车辆）。

7）装上后部支架与变速器支承的连接螺栓。

8）装上发动机前部与车身的连接扭力臂固定螺栓。

9）按规定力矩拧紧发动机两侧与车身的固定螺栓。

10）装上变速器上的车速传感器和倒车灯开关插头。

11）装上车身上的搭铁线。

12）取出起重机吊钩及吊装铁链。

13）装上传动轴。

3. 装上排气管

1）装上排气管密封垫及排气管，以 30N·m 的力矩拧紧排气歧管与排气管的连接螺栓。

2）装上排气管吊架。

4. 安装动力转向液压泵

1）装上动力转向液压泵，拧紧固定螺栓。

2）拧紧油管固定螺栓。

3）装上动力转向液压泵带轮，装上紧固螺栓，并按规定力矩拧紧。

5. 安装发电机（图 2-12）

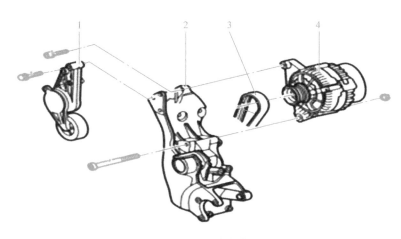

图 2-12 安装发电机

1—传动带张紧轮 2—支架 3—传动带 4—发电机

1）将发电机放入发电机支架上。

2）装上发电机固定螺栓，并按规定力矩拧紧。

3）连接发电机线束，拧紧固定螺栓。

4）插上发电机调节器插头。

5）装上发电机的输出电线。

6）装上发电机搭铁线。

7）将传动带套在曲轴带轮上。

8）使用扳手按顺时针方向扳动传动带张紧轮，使张紧轮张开，用销固定张紧轮（图2-13）。

9）将传动带安装到位后，用顺时针方向扳动传动带张紧轮，拆下张紧轮上的销。

图2-13　用扳手扳动传动带张紧轮

6. 安装空调压缩机

1）装上空调压缩机及支架，装上紧固螺栓。

2）按拆下时的方向记号装上空调压缩机传动带。传动带上的筋条应完全卡入带轮的楔槽中。

3）调整好空调压缩机传动带的张紧力，按规定力矩拧紧空调压缩机固定螺栓（图2-14）。

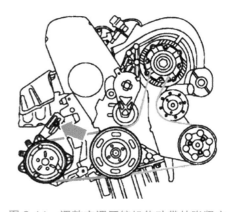

图2-14　调整空调压缩机传动带的张紧力

4）装上飞轮下盖板，并用螺栓固定。

5）装上油标尺托架，拧紧托架固定螺栓，插上油标尺。

7. 装散热器及冷却系统附件

1）装上散热器电动风扇和散热器。

2）装上自动变速器油管（图2-15）。

3）插上散热器电动风扇和热敏开关上的电线插头。

4）装上冷却液下橡胶软管。

5）装上缸盖出水管接头。

6）装上暖风热交换器的冷却液软管。

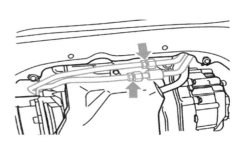

图2-15　装上自动变速器油管

7）装上冷却液上水管与缸盖出水管接头的冷却液上橡胶水管。

8）装上冷却液上水管与散热器的冷却液上橡胶软管。

9）装上膨胀水箱。

10）装上散热器排气管和发动机水套排气小软管。

11）装上膨胀水箱水管。

8. 装进气系统附件

1）装上节气门体，装上紧固螺栓，并按规定力矩拧紧。

2）装上节气门热水管。

3）插上节气门位置传感器的插头。

4）装上节气门拉索，调整拉索使其活动灵活（图 2-16）。

5）装上空气滤清器罩壳、空气流量计、空气滤清器及空气管路。

6）插上活性炭罐、真空助力器的真空管。

7）装上分油管上的进油管和回油管，然后装上曲轴箱通风软管，最后装上进气歧管罩并用固定螺栓固定。

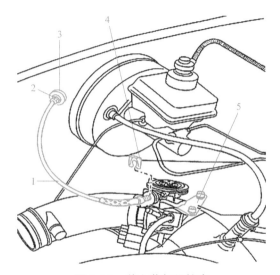

图 2-16　装上节气门拉索

1—节气门拉索　2—节气门拉索护套张紧螺母　3—挡片　4—调整锁片　5—节气门拉索支架

9. 装电线插头及附件（图 2-17）

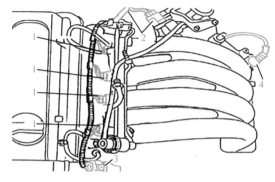

图 2-17　电线插头

1—喷油器　2—节气门位置传感器　3—凸轮轴位置传感器　4—进气温度传感器

1）连接发动机线束，并将发动机线束固定。

2）将喷油器插头移到相应位置，插上插头。

3）插上点火控制器插头。

4）装上进气压力传感器，按规定力矩拧紧固定螺栓。

5）插上进气压力传感器插头。

6）装上活性炭罐电磁阀，插上空气流量计、活性炭罐电磁阀、氧传感器、进气温度传感器的电线插头。

7）插上发动机转速传感器、凸轮轴位置传感器、冷却液温度传感器、机油压力器、爆燃传感器的电线插头。

8）插上发动机控制单元（ECU）的两电线插头，并推入卡簧手柄。

9）加入冷却液至冷却液储液罐最高点标记处。

10）加注机油使液面达到油标尺两刻线中间位置。

11）装上蓄电池固定支架。

12）装蓄电池，装好蓄电池固定卡子，并用螺栓固定。

13）装上蓄电池正极线和搭铁线。

说明：桑塔纳 AYJ 发动机主要螺栓拧紧力矩见表 2-1。

表 2-1 桑塔纳 AYJ 发动机主要螺栓拧紧力矩

部位	螺栓拧紧力矩 /N·m
发动机支承与副梁	40±5
发动机支架与发动机支承	40±5
发动机扭力臂	23±3
排气歧管与排气管	25±2.5
变速器与发动机缸体	45

2.1.3 发动机零件清洗方法和注意事项

零件的清洗不仅影响零件的检验与修理作业，还影响总成的装配质量、工作性能和零件的工作寿命。

1. 发动机外部清洗

汽车在拆卸之前应对外部进行清洗，其目的是清除外表的尘土和油污，便于拆卸工作顺利进行，并保持拆卸场所的清洁。

2. 发动机零件的清洗

零件的清洗一般分为清除油污、清除积炭和清除水垢三种作业。

（1）清除油污　油污是变性的油脂和杂质的附着物，沉积在金属表面，易堵塞机油道、滤网，阻碍零件传热、散热。其清除方法按清洗液分为有机溶剂除油和无机溶剂除油两种。

1）在发动机修理中常用的有机溶剂有汽油、煤油、酒精和丙酮等。它们去污力强，对金属无腐蚀作用，一般用于铝合金及精密零件的清洗，如用来清洗活塞、高压油泵、喷油器等，但不宜用于橡胶、塑料件去污。使用有机溶剂清洗时，要注意防火。

2）无机溶剂（如碱溶液）适用于钢铁零件去油污清洗。碱溶液对零件表面有较强的腐蚀性，尤其是对非金属材料和有色金属的腐蚀更为严重。清洗后的零件应用清水冲刷掉残留在零件表面的碱溶液。铝合金零件不能用碱溶液清洗。

3）超声波清洗是指利用超声波在液体中的空化作用、加速度作用及直进流作用，对液体和污物进行直接、间接的作用，使污物层被分散、乳化、剥离而达到清洗目的。目前所用的超声波清洗机中，空化作用和直进流作用应用得更多。超声波清洗机清洗效果很好，但费用较高。

① 空化作用。空化作用就是超声波以每秒两万次以上的压缩力和减压力交互性的高频变换方式向液体进行透射。在减压力作用时，液体中产生真空核群泡的现象，在压缩力作用时，真空核群泡受压力压碎时产生强大的冲击力，由此剥离被清洗物表面的污垢，从而达到精密洗净目的。

② 直进流作用。超声波在液体中沿声的传播方向产生流动的现象称为直进流。通过此直进流使被清洗物表面的微油污垢被搅拌，污垢表面的清洗液也产生流，溶解污物的溶解液与新液混合，使溶解速度加快，对污物搬运起着很大的作用。

（2）清除积炭　积炭是燃油和机油在高温及氧化作用下的生成物。产生在发动机燃烧室内壁的积炭，影响热量传递，可形成炽热点，导致异常燃烧。

清除积炭通常采用手工铲刮和钢丝刷除等方法，也可与化学清除方法并用。前者方法简单易行，但效率不高，清除不彻底，还会在金属表面留下划痕。化学方法清除积炭，即是用化学溶剂和积炭发生物理和化学作用，破坏积炭结构，软化松散积炭，然后用毛刷刷洗除净积炭，最后用热水清洗零件表面的化学溶剂，并用压缩空气吹干。它对零件表面无损伤，清除效果较好。表 2-2 列出了生产中使用的退炭化学溶剂配方。它具有退炭能力强、常温使用等优点，但对铜质零件有腐蚀作用，且易挥发、可燃、有毒性污染，应密封保存和使用。

表 2-2　生产中使用的退炭化学溶剂配方

原料	醋酸乙酯	丙酮	乙醇	苯	石蜡	氨水
质量分数（%）	4.5	1.5	22	40.8	1.2	30

（3）清除水垢　汽车发动机冷却系统长期使用未经软化处理的硬水，即含有较多矿物盐分的水，由于冷却系统内的水分蒸发，矿物盐的浓度逐渐增加，达到饱和状态时，就从水中析出，沉积在水套、散热器内壁，形成水垢。它阻碍水与金属之间的热传导，降低散热能力，在散热器内还阻碍水的循环，导致发动机过热。

清除水垢一般用酸洗法和碱洗法，通过酸、碱溶解水垢。水质不同，所含矿物盐的成分也不一样，形成的水垢物质成分就不同，主要有碳酸盐、硫酸盐和硅酸盐三类。

可用以下方法清除水垢。

1）铝合金缸体、缸盖。在1000mL水中注入100g磷酸、50g铬酐，搅拌后加热至30℃，浸泡零件30~60min；取出零件用清水冲洗，置入80~100℃、含有0.3%的重铬酸钾的溶液中进行防腐蚀处理，最后用压缩空气吹干。

2）铸铁缸体、缸盖。在8%~10%的盐酸溶液中，加入2~3g六亚甲基四胺缓蚀剂，灌入水套，封闭水套后，置于60~70℃的热水池中，保温60min。取出后逆冷却水流向，用清水冲洗水套脏物，再用2~3g的氢氧化钠溶液中和残留的酸液，最后再用清水洗干净。

3）散热器。注入8~10g稀盐酸，浸泡适当时间，然后用清水冲洗。

现代汽车发动机冷却系统采取闭式循环，将蒸发的水分冷凝收集后重新注入循环，以阻止水中矿物盐类成分饱和析出，同时添加防冻液、防腐剂，减少甚至无须更换冷却水等措施，有效地缓解了水垢的沉积。加入了防冻液、防腐剂的冷却水称为冷却液，维修发动机时应回收复用。

2.2　发动机附件拆装

2.2.1　发动机附件

发动机附件是保证发动机正常工作所需要的各种附属装置，如进气歧管、排气歧管、发电机、水泵、压缩机、发动机支架、节温器、水管、飞轮、前后油封端盖、正时带、带张紧器、爆燃传感器、曲轴位置传感器等。

发动机附件的种类多达几十种，它们从属于发动机的各个系统，通过导管或电缆相互连接。经常需要检查、维修甚至更换的附件，集中安装在发动机的外部，打开发动机罩就可以检查维修。

2.2.2　发动机附件拆装安全注意事项

在进行发动机附件及发动机拆装时，一定要遵守安全操作规程，必须做到以下几点。

1）在拆装作业前必须使用翼子板盖、地板垫和座椅套，以防弄脏和擦坏油漆。

2）使用千斤顶时，在千斤顶底部放一块厚木板，顶升时人应在车辆的外侧。严禁用砖块等易碎物支垫千斤顶或车辆。

3）用千斤顶抬高和降低车身时需谨慎。把千斤顶设置在横梁或车桥下面时，应将座板放在被支承件的中心位置上并注意防止座板滑脱。顶升位置因车型不同而异，应参阅有关说明书和修理手册。

4）机具设备的电线、插头等应无破裂或损坏现象，以防触电。

5）尽量使用专用工具，专用工具是普通工具难以替代的，其在安全性、使用性以及工作效率等方面较优异。

6）当进行与电气系统有关的整车拆装时，应将蓄电池的负极接线柱断开，以防短路而烧毁导线。

7）拆装蓄电池时，应小心轻放、不倾斜，以免电解液漏出。

8）蓄电池导线断开后，应重新调整时钟上的时间、音响系统和其他电器存储器上的内容和信息。

9）有些车型的音响系统或其他电器存储器上的信息会在断开蓄电池导线时被擦掉。因此，断开负极接线柱之前一定要将存储器内容记录下来。

10）不准用含铅汽油清洗零件，严禁明火接近汽油。

2.2.3　发动机附件拆装规范操作事项

1）保持场地整洁，防止水、油污等污染拆装场地。

2）拆装结束后应及时清理场地。

3）平垫圈、弹簧垫圈、开口销等应按规定装配齐全。

4）螺栓、螺母紧固后，螺栓端部高出螺母 2~3 牙。

5）凡有规定拧紧力矩要求的螺栓和螺母，应按规定力矩拧紧。

6）一般的螺栓、螺母组应用相应的扳手对称分几次拧紧。

7）无一次性使用要求的铜垫、调整垫片拆下后应放好，仍可装复使用。

8）所有的油封在装配前均应在摩擦部位涂上润滑油。

9）禁止用锤子直接锤击机件，应垫上铜棒后再锤击。

10）保持车辆和拆装场地清洁。

11）不得将工具、零件等随意扔在地上。

2.3　技能训练　发动机外围附件拆卸

1. 训练准备

1）桑塔纳 2000AJR 发动机拆装翻转台架 1 台，零件车 1 辆，工具车 1 辆。

2）常用工具 1 套，桑塔纳专用工具 1 套，油盆 1 个，水盆 1 个，抹布若干。

3）桑塔纳 2000AJR 发动机教材、维修手册 1 套，发动机的相关挂图、图册若干。

2. 训练要求

1）认识发动机外围附件（包括各传感器、执行器）名称及安装位置。

2）能够完成发动机外围附件的拆卸。

3）掌握拆卸发动机外围附件的注意事项。

4）掌握燃油系统泄压的方法和注意事项。

3. 基本操作步骤

步骤 1：操作前准备工作。

1）将工位清理干净，准备好相关的工具、物品等。

2）将拆装用发动机台架准备好，并安全固定。

提示：如果是第一次拆卸，需要对拆卸的零件及顺序进行详细记录，以保证装配不出错。

步骤 2：燃油系统泄压。

1）关闭点火开关，使发动机电路不通电。

2）找到熔丝继电器插座板，找到燃油泵熔丝（10A）。

提示：熔丝继电器插座板位于仪表台左侧下方位置。

3）起动发动机，待其自动熄火后，关闭点火开关。

步骤 3：断开发动机电源。

1）拧松电池负极桩头螺栓，取下负极导线，使之可靠离开负极柱。

2）拆下蓄电池正极导线。

3）搬下蓄电池。

提示：断开发动机电源目的是避免拆卸过程中造成电路短路事故发生。蓄电池拆卸时，一般先拆负极，后拆正极；安装时相反。另外，蓄电池搬运时不可倾斜。

步骤 4：断开燃油管路。

1）断开进油管和回油管（图 2-18）。用螺钉旋具拧松油管卡箍螺钉，依次拔下进油管和回油管。

提示：断开油管时用干净毛巾将油管接头包住，以防燃油泄漏。

2）在油管上插上堵头（图 2-19）。

提示：用堵头插入断开的油管内，以减少燃油洒失，防止污物进入油管而污染燃油。

步骤 5：放净机油。

1）将油盆置于发动机油底壳放油螺塞正下方。

2）放净机油。

图 2-18　断开进油管和回油管

图 2-19　在油管上插上堵头

提示：为使机油排放干净，需将气缸盖罩上的机油盖拧下来。

步骤 6：放净冷却液。

1）先将水盆置于散热器的下方，正对于散热器出水口处。

提示：桑塔纳车型散热器上没有设计防水阀，冷却液的排放是通过拆卸散热器下水管来实现的。

2）将散热器下水管的卡箍松开，拉开水管，让冷却液流入盆中。

提示：在放冷却液的同时需将储液罐盖打开，以便冷却液能及时流尽。

3）拆下发动机上水管、下水管（图 2-20）。

图 2-20　拆下发动机上水管、下水管

步骤 7：拆下电控系统传感器和执行器。

1）拔下喷油器插头。在燃油分配管上找到喷油器导线插头，用手捏住 1 缸喷油器插头后端卡子，拔下喷油器导线插头。依次拔下其余三缸喷油器导线插头，取下整个线束

提示：拔插头时，先用手将两侧卡子捏住，然后往外拉，不得拉拽导线

（续）

2）拔下凸轮轴位置传感器插头

提示：该插头位于凸轮轴齿轮的外侧。拔插头时需注意技巧，不得乱拔乱拽

3）拔下转速传感器插头
4）拔下两个爆燃传感器的插头
5）拔下氧传感器插头

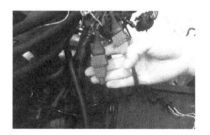

6）拔下冷却液温度传感器插头
7）拔下空调水温开关

8）拔下进气温度传感器插头

（续）

9）拔下机油压力传感器插头。用手捏住插头后端卡子，分别拔下高、低压插头

提示：桑塔纳 2000 发动机装有高低压两个机油压力传感器。机油压力传感器线束为单线，负极搭铁

10）拔下散热器热敏开关插头

提示：该插头为三针式，位于散热器左侧

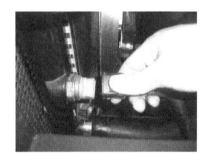

11）拔下空气流量计插头

提示：该插头为五针式，1号线脚为空脚，位于空气滤芯壳侧的空气流量计上

12）拔下点火模块的插头

提示：该插头为四针式，位于进气歧管的背面，拔插头时需注意技巧

步骤8：拆下进气管路软管。

1）拆下空气滤清器

提示：从滤清器壳中取出滤芯时，要尽量避免滤芯抖动，目的是减少吸附在滤芯上的沙尘掉入进气道；使用干净棉纱擦拭滤清器盖及下体内壁，将尘土等清除；禁止擦拭安装在滤清器盖上的空气流量计

2）清洁空气滤芯。用吹气枪将压缩空气按照与滤芯工作时空气流动相反方向吹拂滤芯，将滤芯上吸附的沙尘吹尽

3）拆下透气软管

提示：位于气缸罩盖与进气软管处，主要用于曲轴箱透气

4）拔下燃油分配管真空管路

步骤 9： 拆下节气门体上的管路及附件。

1）拆下节气门体上各管路。拔下进气软管，拆下节气门拉索，拔下制动助力装置的真空管，拔下活性炭罐过滤器阀的真空管

2）拔下节气门传感器插头
提示：节气门传感器插头共有七根脚，位于节气门体上

3）拆卸节气门预热水管（两根）。用鲤鱼钳夹住水管卡箍，依次拆卸两根预热水管

步骤 10： 拆下剩余的水管。

依次拆下通节气门体的进气预热水管、空调暖风水管、散热器上的冷却液管

项目
2

步骤 11：拆下发电机。

1）拆除火花塞高压线。用火花塞高压线专用拆装钳依次拆下四根高压线

　提示：为使发电机拆卸方便，需把高压线先拆掉

2）拆下发电机传动带。用专用工具扳住传动带张紧器；使用销固定住张紧器；取下发电机传动带；取出销

　提示：若发电机传动带拆卸后不更换，应在传动带上做好方向记号

3）拆下发电机固定螺栓

4）拆下发电机连接导线。拆下发电机电源导线固定螺母，拆下发电机指示灯导线固定螺母，取下发电机

　提示：发电机后端符号为 D+ 的接线柱接仪表充电指示灯，符号为 B+ 的接线柱接蓄电池"+"

5）拆除传动带张紧器

步骤 12：拆下发动机进、排气管。

1）取下发动机油标尺

2）油标尺标记
a—不必加注机油
b—可以加注机油
c—必须加注机油

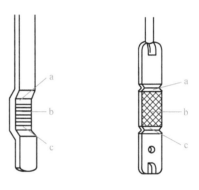

3）拆下燃油分配管总成。拧下燃油分配管的
两个固定螺栓，将燃油分配管连同喷油器一同取
下

4）拆下喷油器。依次用尖嘴钳拔下喷油器卡
簧，取下喷油器

提示：取下喷油器时需注意喷油器密封圈，不
要丢失；取下喷油器后，应及时将进气歧管上孔
堵住，以防杂物掉入

（续）

5）取下喷油器上的 O 形密封圈	
6）拆下进气歧管 　提示：拆卸进气歧管固定螺钉时，应按照由外向内，对角的顺序，分 2~3 次拧下	
7）取下进气歧管	
8）取下进气歧管垫	
9）拆下排气管隔热罩。拧下隔热罩四个固定螺母，拆下排气管隔热罩 　提示：拆卸螺母时，应按由外向内的顺序，分 2~3 次拧下	

（续）

10）依次拧下排气管四个固定螺栓，拆下排气管 提示：拆卸排气管固定螺栓时，应按照对角的顺序，分 2~3 次拧下	
11）拧下排气歧管八个固定螺钉，取下排气歧管	

步骤 13：拆下发动机。

1）拆下发动机线束。拆下发动机电源导线固定螺母，取下电源导线，拔下起动控制导线插头	
2）拆下发动机。拆下发动机三个固定螺栓，取下发动机	

步骤 14：拆下机油滤芯器总成。

1）用机油滤芯扳手拧下机油滤芯

2）拆机油滤芯座。依次拆下机油滤芯座固定螺栓，取下机油滤芯座

提示：分 2~3 次拧松机油滤芯座的固定螺栓

步骤 15：拆下惰轮、压缩机支架。

拆下惰轮、压缩机支架的六个固定螺栓，取下支架

步骤 16：拆下节温器。

1）拆下节温器壳及下水管

（续）

2）取下节温器壳	
3）取出 O 形密封圈	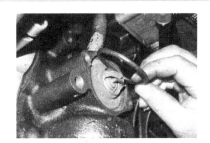
4）发动机外围附件拆卸完后，秃机如图所示	

复习思考题

1. 如何拆卸散热器及冷却系统附件？
2. 如何拆下空调压缩机？
3. 如何拆下发电机？
4. 如何拆动力转向液压泵？
5. 如何将变速器与发动机分离？
6. 发动机零件清洗方法有哪些？
7. 如何清除铝合金缸体、缸盖里的水垢？
8. 发动机附件主要有哪些？
9. 发动机附件拆装安全注意事项有哪些？
10. 发动机附件拆装规范操作事项有哪些？

3.1 行驶系统拆装

3.1.1 车轮拆装及轮胎换位技术要求

1. 车轮拆装技术要求

拆装车轮的基本步骤如下。

1）按对角线位置将螺母拧松。拧松车轮螺母时要注意用力方向：逆时针方向为拧松；顺时针方向为拧紧。另外，由于固定车轮的螺母拧得很紧，因此我们要用很大的力量。

2）用千斤顶支起车辆。逐个拧松螺母之后，用千斤顶将车辆局部升起来。使用千斤顶时要注意：车底两侧均有放置千斤顶的卡槽，一定要将千斤顶放在卡槽内，避免发生意外。

3）车轮上升。当千斤顶顶起车辆局部位置，车轮距离地面 4~5cm 时应停止上升。

4）按对角线顺序拧下螺母。

5）双手紧紧抓住轮胎两侧迅速取下。

6）轮胎取下后有轮辋的一面应朝上。

7）安装车轮时按拆卸相反的顺序进行。

技术要求如下。

1）拆卸时要先松开固定螺母然后再用千斤顶将车顶起。

2）使用千斤顶时要将千斤顶放置在车底两侧的卡槽内。

3）在拧螺母时切记不要按照顺时针或逆时针将螺母依次拧上，而是要按照对角线的顺序来拧螺母（图 3-1）。用对角线的方式拧上螺母，而在拧螺母时每颗螺母拧的圈数保持一致，为

图 3-1　拧上车轮螺母

的是保证螺母受力均匀。

4）螺母都拧上之后，将千斤顶移走，车辆重回地面，在这之后按照拧螺母的顺序将每颗螺母拧紧。拧紧力矩一般为 110N·m。

2. 轮胎换位技术要求

（1）中型货车的轮胎换位

1）交叉换位，如图 3-2a 所示。

2）循环换位，如图 3-2b 所示。

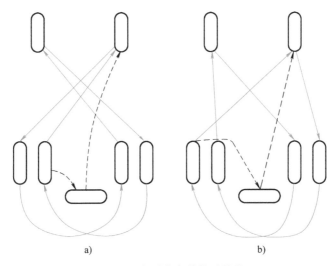

图 3-2　中型货车的轮胎换位

（2）重型货车的轮胎换位　如图 3-3 所示。

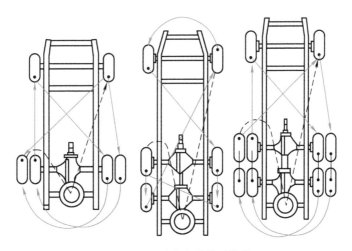

图 3-3　重型货车的轮胎换位

（3）轿车及小客车的轮胎换位

1）交叉换位，如图 3-4 所示。

项
目
3

2）循环换位，如图3-5所示。

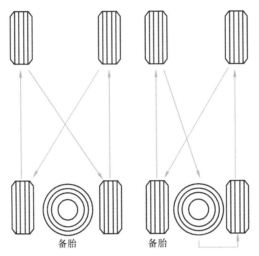

图 3-4　轿车及小客车的交叉换位

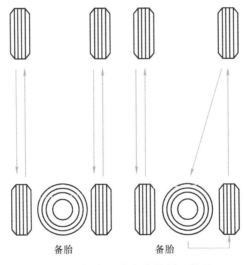

图 3-5　轿车及小客车的循环换位

3.1.2　减振器的分类、组成和工作原理

目前汽车上应用最广泛的是双向作用筒式减振器，近年来，在高级轿车上有的采用充气式减振器。

1. 双向作用筒式减振器

双向作用筒式减振器的基本组成如图3-6所示。它有三个同心缸筒，外面的缸筒是防尘罩，其上部的吊耳与车架（或车身）相连；中间是储油缸筒，内装有一定量的油液，其下端的吊耳与车桥相连；里面是工作缸筒，其内装满油液。它还有四个阀，即压缩阀、伸张阀、流通阀和补偿阀。流通阀和补偿阀是一般的单向阀，其弹簧很弱，当阀上的油压作用力与弹簧弹力同向时，阀处于关闭状态，完全不通油液；而当油压作用力与弹簧弹力反向时，只要很小的油压，阀便能开启。压缩阀和伸张阀是卸载阀，其弹簧刚度较大，预紧力较大，只有当油压增高到一定程度时，阀才能开启；而当油压减低到一定程度时，阀即自行关闭。

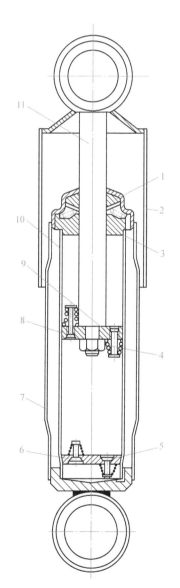

图 3-6　双向作用筒式减振器的基本组成

1—油封　2—防尘罩　3—导向座　4—流通阀　5—补偿阀　6—压缩阀
7—储油缸筒　8—伸张阀　9—活塞　10—工作缸筒　11—活塞杆

双向作用筒式减振器的工作原理如图 3-7 所示。

（1）压缩行程 当车桥移近车架（或车身）时，减振器受压缩，活塞下移，使其下方腔室容积减小，油压升高。具有一定压力的油液顶开流通阀进入活塞上方腔室。由于活塞杆占去上方腔室的部分容积，使上方腔室增加的容积小于下方腔室减小的容积，因此还有一部分油液不能进入上方腔室而只能压开压缩阀，流回储油缸筒。油液流经上述阀孔时，受到一定的节流阻力，为克服这种阻力而消耗了振动能量，使振动衰减。

（2）伸张行程 当车桥相对远离车架（或车身）时，减振器受拉伸，活塞上移，使其上方腔室油压升高。上方腔室的油液便推开伸张阀流入下方腔室。同样由于活塞杆的存在，上方腔室减小的容积小于下方腔室增加的容积，因而从上方腔室流出来油液不足以充满下方腔室所增加的容积，使下方腔室产生一定的真空度，这时储油缸筒中的油液在真空度作用下推开补偿阀流进下方腔室进行补充。

从上面的原理可以得知，这种减振器在压缩、伸张两个行程都能起减振作用，因此称为双向作用减振器。

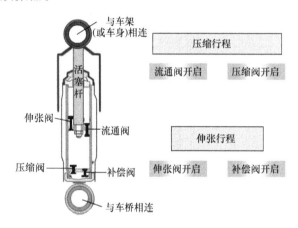

图 3-7　双向作用筒式减振器的工作原理

2. 充气式减振器

充气式减振器的基本组成如图 3-8 所示，其结构特点是在缸筒的下部装有一个浮动活塞，高压的氮气充在浮动活塞与缸筒一端形成的密封气室里。在浮动活塞的上面是减振器油液。O 形密封圈把油和气完全分开，因此活塞也称为封气活塞。在工作活塞上装有压缩阀和伸张阀。这两个阀都由一组厚度相同、直径不等、由大到小而排列的弹簧钢片组成。

当车轮上下跳动时，工作活塞在油液中做往复运动，使工作活塞的上、下腔之间产生油压差，液压油便推开压缩阀或伸张阀而来回流动。由于阀孔对液压油产生较大的阻尼力，使振动衰减。

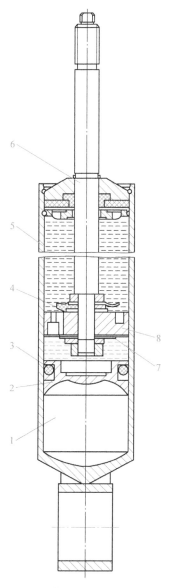

图 3-8　充气式减振器的基本组成

1—密封气室　2—浮动活塞　3—O 形密封圈　4—压缩阀
5—工作缸　6—活塞杆　7—伸张阀　8—工作活塞

3.1.3　减振器更换技术要求

1. 减振器损坏现象

1）每过坑洼、起伏路面时，车身弹跳增加，时有金属碰撞的声响从车头前部传来。

2）车子转弯时因为弹簧上下振动过大，从而造成轮胎抓地力和循迹性变差，往往会造成转弯信心不足。

3）有时会听到车的头部传来"咯咚、咯咚"声响，车辆振动次数增加，感觉车辆没有缓冲、舒适性差。

4）由于吸收余振的能力减弱或丧失，车辆在静止状态下稍受振动就容易产生车辆警报器乱叫的情况。

2. 减振器失效、损坏的判断方法

1）车辆后减振器判断方法。将车放在平坦处，用手向下按压行李箱（SUV 行李箱盖打开情况下进行），然后松开，车辆在维持 2~3 次的跳跃回弹后停止视为正常。

2）车辆前减振器判断方法。将车放在平坦处，可用力按下保险杠（按压车头部分也行），然后松开，如果车辆有 2~3 次跳跃回弹，则说明减振器工作良好。

3）在低速行驶的状况下，突然急制动，如果发现车辆抖动比较厉害，并且人体感觉不舒服，那么减振器损坏的可能性就非常大了。

4）车辆在道路条件较差的路面上行驶 10km 左右后停车，用手摸减振器外壳，如果感觉外壳温度没有一定的热量或者一直就是冰凉的话，说明减振器内部无阻力，减振器工作不正常。

5）将车辆举升或者将车轮打转，检查减振器外观，如有明显油渍（一般是超过总长度 1/2）建议更换。

6）将减振器防尘套掰开，如果看到缓冲块胶套有破损，大部分情况减振器也受到了严重的冲击而损坏。

7）拆卸后的检测。减振器在放松的状态用手推拉减振器挺杆 5~8 次，减振器最后能自动伸出，以最后 2~3 次的推拉感觉对减振器阻尼力进行判断，如果收放有适当的阻尼力且最后又能自然伸出，则表明减振器是正常的。

3. 更换技术要求

1）弹起测试。在车辆前或后转角处按下车辆并迅速放开，如果车辆弹跳过量，则减振器已损坏，应更换。

2）检测行驶里程。20000km 定期检查减振器，80000km 建议更换减振器，100000km 必须更换减振器。

3）轮胎摩擦。损坏的减振器会引起轮胎表面的沟槽异常，伴随不均匀的磨损，应更换减振器。

4）减振器渗漏。减振器漏油的话也应该及时更换减振器。

4. 更换注意事项

1）为保证减振器的一致性，减振器最好选择成对更换（前悬架、后悬架分别一对，同一品牌一致性要更好）。

2）减振器顶部的轴承要加润滑油（油脂），防水防尘罩要上到位，保证不破损。

3）注意防尘罩的安装是在减振器伸缩挺杆的中心位置。

4）减振弹簧的上端盖是有固定卡口的，要对准卡口才能上紧螺母。

5）安装减振器要将缓冲块胶套套进减振器伸缩挺杆后，才能安装弹簧。

6）在安装好减振弹簧后，最后将减振器安装在悬架时，发现下平衡杆球头不能轻松安装，此时只要用撬棍往下压下平衡杆，就能轻松将球头螺母插入减振器螺母孔了。

3.2 转向系统拆装

3.2.1 转向拉杆和球头拆装技术要求

1. 转向拉杆的作用

转向拉杆是车辆转向机构中的重要零件，它直接影响车辆操纵的稳定性、运行的安全性和轮胎的使用寿命。转向拉杆分为两类，即转向直拉杆与转向横拉杆，如图 3-9 所示。

2. 转向直拉杆

转向直拉杆是转向摇臂与转向节臂之间的传动杆件，具有传力和缓冲作用。在转向轮偏转且因悬架弹性变形而相对于车

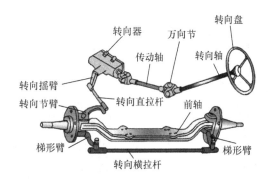

图 3-9　转向机构

架跳动时，转向直拉杆与转向摇臂及转向节臂的相对运动都是空间运动，为了不发生运动干涉，三者之间的连接件都是球形铰链，如图 3-10 所示。

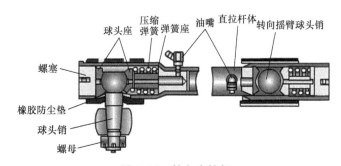

图 3-10　转向直拉杆

3. 转向横拉杆

转向横拉杆用钢管制成，其两端有螺纹，一端为右旋，一端为左旋，与横拉杆

接头旋装连接。两端接头结构相同，如图 3-11 所示。接头的螺纹孔壁上开有轴向切口，故具有弹性，旋装到杆体上后可用螺栓夹紧。旋松夹紧螺栓以后，转动横拉杆体，可改变转向横拉杆的总长度，从而调整转向轮前束。

在横拉杆两端的接头上都装有球头销等零件组成的球形铰链。球头销的球头部分被夹在上、下球头座内，球头座用聚甲醛制成，有较好的耐磨性。装配时上、下球头座凹凸部分互相嵌合。弹簧通过弹簧座压向球头座，以保证两球头座与球头的紧密接触，在球头和球头座磨损时能自动消除间隙，同时还起缓冲作用。弹簧的预紧力由调整螺塞调整。球形铰链上部有防尘罩，以防止尘土侵入。球头销的尾部锥形柱与梯形臂连接，并用螺母固定、开口销锁紧。

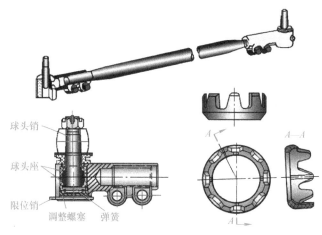

图 3-11　转向横拉杆

4.更换转向拉杆及球头技术要求

1）在更换转向拉杆或转向横拉杆球头时，要选用与原来拉杆规格、型号、尺寸、生产厂家完全相符的配件。

2）安装转向横拉杆拧紧力矩（迈腾），见表 3-1。

表 3-1　安装转向横拉杆拧紧力矩（迈腾）

部件	拧紧力矩
转向横拉杆安装到齿条上	100N·m
转向横拉杆头安装到转向横拉杆上	70N·m
转向横拉杆头安装到车轮轴承支座上（使用新螺母）	先以 100N·m 的力矩预拧紧，然后旋转 180° 松开，接着再以 100N·m 的力矩拧紧

3.2.2　横向稳定杆拆装技术要求

1. 横向稳定杆作用

横向稳定杆作用是防止车身在转弯时发生过大的横向侧倾，尽量使车身保持平衡，目的是减少汽车横向侧倾程度和改善平顺性。横向稳定杆实际上是一个横置的扭杆弹簧，在功能上可以看成是一种特殊的弹性元件。当车身只做垂直运动时，两侧悬架变形相同，横向稳定杆不起作用。当汽车转弯时，车身侧倾，两侧悬架跳动不一致，外侧悬架会压向稳定杆，稳定杆就会发生扭曲，杆身的弹力会阻止车轮抬起，从而使车身尽量保持平衡，起到横向稳定的作用。

2. 横向稳定杆结构

横向稳定杆是用弹簧钢制成的扭杆弹簧，形状呈 "U" 形，横置在汽车的前端和后端。杆身的中部，用橡胶衬套与车身或车架铰接相连，两端通过侧壁端部的橡胶垫或球头销与悬架导向臂连接，如图 3-12 所示。

图 3-12　横向稳定杆结构

3. 安装横向稳定杆拧紧力矩（迈腾）

安装横向稳定杆拧紧力矩（迈腾），见表 3-2。

表 3-2　安装横向稳定杆拧紧力矩（迈腾）

部件	拧紧力矩
横向稳定杆安装到副车架上 1）使用新螺母 2）在空载位置拧紧螺栓连接件	25N·m+ 继续旋转 45°
横向稳定杆安装到连接杆上（使用新螺母）	45N·m

3.3　制动系统拆装

3.3.1　盘式制动器拆装技术要求

1. 盘式制动器的类型

盘式制动器根据其固定元件的结构形式可分为钳盘式制动器和全盘式制动器。钳盘式制动器按制动钳固定在支架上的结构形式可分为定钳盘式和浮钳盘式。全盘式制动器固定元件的金属背板和摩擦片都做成圆盘形，其制动盘的全部工作面可同时与摩擦片接触。全盘式制动器由于制动钳的横向尺寸较大，主要应用在重型车上。

2. 定钳盘式制动器

定钳盘式制动器的基本结构如图 3-13 所示，其旋转元件是制动盘，它和车轮固装在一起旋转，以其端面为摩擦工作表面。其固定元件是制动块、导向支承销和轮缸及活塞，它们均被安装于制动盘两侧的钳体上，总称为制动钳。制动钳用螺栓与万向节或桥壳凸缘固装，并用调整垫片来调整钳与盘之间的相对位置。

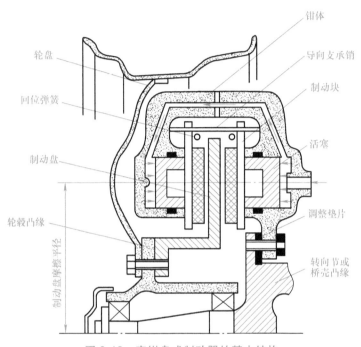

图 3-13　定钳盘式制动器的基本结构

制动时，油液被压入内、外两轮缸中，经液压作用的活塞朝制动盘方向移动，推动制动块紧压制动盘，产生摩擦力矩而制动。在此过程中，轮缸槽内的矩形橡胶密封圈的刃边在摩擦力的作用下产生微量的弹性变形。

放松制动时，液压系统压力消除，密封圈恢复到其初始位置，活塞和制动块依靠密封圈的弹力和弹簧的弹力回位。由于矩形密封圈刃边的变形量很微小，在不制动时，摩擦片与盘之间的间隙每边只有0.1mm 左右，它足以保证制动的解除。

3. 浮钳盘式制动器

图 3-14 所示为浮钳盘式制动器的基本结构。它由制动盘、制动块、制动钳、制动钳支架等组成。

图 3-15 所示为浮钳盘式制动器工作原理示意图。制动钳体 2 通过导向销 6 与车

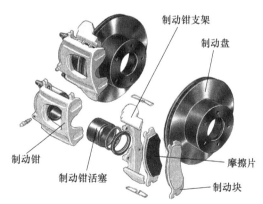

图 3-14　浮钳盘式制动器的基本结构

桥 7 相连，可以相对于制动盘 1 轴向移动。制动钳体只在制动盘的内侧设置液压缸，而外侧的制动块则附装在钳体上。

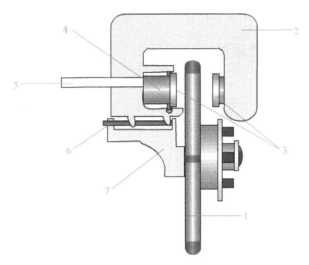

图 3-15　浮钳盘式制动器工作原理示意图

1—制动盘　2—制动钳体　3—制动块　4—活塞　5—进油口　6—导向销　7—车桥

制动时，液压油通过进油口 5 进入制动液压缸，推动活塞 4 及其上的制动块向右移动，并压到制动盘上，并使得液压缸连同制动钳体整体沿销向左移动，直到制动盘右侧的制动块也压到制动盘上夹住制动盘并使其制动。

与定钳盘式制动器相反，浮钳盘式制动器轴向和径向尺寸较小，而且制动液受热汽化的机会较少。此外，浮钳盘式制动器在兼做行车制动器和驻车制动器的情况下，只需在行车制动钳液压缸附近加装一些用以推动液压缸活塞的驻车制动机械传动零件即可。故自 20 世纪 70 年代以来，浮钳盘式制动器逐渐取代了定钳盘式制动器。

4. 拆装技术要求

1）拆卸时应小心，不要损伤制动软管，也不要踩动制动踏板。

2）在分解制动轮缸时，如果用压缩空气将活塞推出轮缸缸外，则不得使用压力高的压缩空气，因为压力高的空气会使活塞从轮缸射出而伤人或损伤活塞。应使用适中的压缩空气逐渐把活塞推出。当用压缩空气推出活塞时，不允许将手指放置在活塞的前方。用一字槽螺钉旋具拆下活塞密封，注意不要损伤轮缸孔内表面及密封圈。

3）安装时先（按照标记）装上制动盘，制动钳支架 (螺栓 70N·m)，并放好制动摩擦片。

4）安装制动钳时应先均匀地在衬套的内表面上涂一层润滑脂，再安装制动钳、制动钳定位螺栓（40N·m）、衬套和定位弹簧。

5）最后按照拆卸时的标记安装车轮。

装复完毕后，应用力踩几次制动踏板，使制动器自动将间隙调整到正确的位置。

3.3.2 鼓式制动器拆装技术要求

1. 鼓式制动器的结构

简单的鼓式制动器由旋转部分、固定部分、促动装置和定位调整装置组成。

（1）旋转部分 旋转部分多为制动鼓。制动鼓通常为铸件，对于受力小的制动鼓也可用钢板冲压而成，如图 3-16 所示。

（2）固定部分 固定部分是制动底板和制动蹄。制动底板固装在车桥的凸缘盘上，通过支承销与制动蹄相连。制动蹄常用钢板冲压后焊接而成或由铸铁或轻合金铸成，采用 T 形截面，以增大刚度，摩擦片采用黏结或铆接的方式固定于制动蹄上，如图 3-17 所示。

图 3-16 制动鼓

图 3-17 制动蹄

（3）促动装置 促动装置的作用是对制动蹄施加力使其向外张开。常用的促动装置有制动凸轮和制动轮缸，如图 3-18 所示。

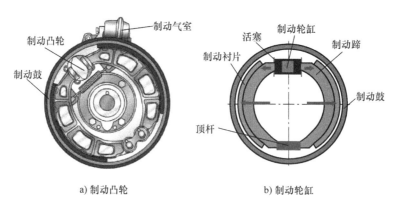

a）制动凸轮 b）制动轮缸

图 3-18 促动装置

（4）定位调整装置 制动蹄在不工作时，其制动衬片与制动鼓之间应有合适的间隙，此间隙一般在 0.25 ~ 0.5mm 之间。间隙过小易造成制动解除不彻底，但间隙过大又将使制动踏板行程过大，以致驾驶人操作不便，同时也会推迟制动时刻。但是在制动过程中，制动衬片不断磨损必将导致此间隙逐渐增大。因此，各种形式的制动器均设有检查、调整此间隙的装置。

定位调整装置的作用是保持和调整制动蹄和制动鼓间正确的相对位置。

2. 鼓式制动器的工作原理

如图 3-19 所示为一行车制动系统的基本组成。

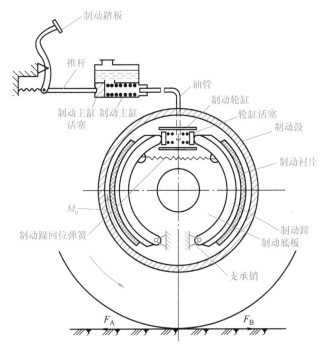

图 3-19 一行车制动系统的基本组成

行车制动系统由车轮制动器和液压传动机构两部分组成。

车轮制动器的旋转部分是制动鼓，它固定于轮毂上，与车轮一起旋转。固定部分是制动蹄和制动底板等。制动蹄上铆有制动衬片，其下端套在支承销上，上端用回位弹簧拉紧压靠在轮缸内的活塞上。支承销和轮缸都固定在制动底板上，制动底板用螺钉与转向节凸缘（前桥）或桥壳凸缘（后桥）固定在一起。制动蹄靠液压轮缸使其张开。

工作过程如下。

1）不制动时，制动鼓的内圆柱面与制动衬片之间保留一定间隙，制动鼓可以随车轮一起旋转。

2）制动时，驾驶人踩下制动踏板，主缸推杆便推动制动主缸内的活塞前移，迫使制动液经管路进入轮缸，推动轮缸的活塞向外移动，使制动蹄克服回位弹簧的拉力绕支承销转动而张开，消除制动蹄与制动鼓之间的间隙后压紧在制动鼓上。此时，不旋转的制动蹄摩擦片对旋转的制动鼓就产生一个摩擦力矩，其方向与车轮的旋转方向相反。制动鼓将此力矩传到车轮后，由于车轮与路面的附着作用，车轮即对路面作用一个向前的圆周力，与此相反，路面会给车轮一个向后的反作用力，这个力就是车轮受到的制动力。各车轮制动力的总和就是汽车受到的总的制动力。

3）放松制动踏板，在回位弹簧的作用下，制动蹄与制动鼓的间隙又得以恢复，从而解除制动。

3. 拆装技术要求

图 3-20 所示为鼓式制动器结构图，在拆装过程中，应注意以下几点。

1）在拆装过程中有损坏的零件必须更换。当制动衬片表面距离铆钉头小于 0.5mm 时，必须更换制动衬片。

2）在制动衬片表面和制动鼓内表面不得沾染任何油污，否则必须用汽油把油污清洗干净，并用砂纸磨去浸入制动衬片的油痕。

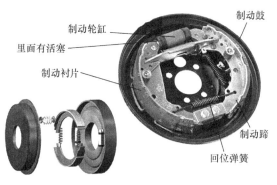

图 3-20　鼓式制动器结构图

3）蹄片轴务必锁紧，不得松动。

4）安装制动蹄时，不得损伤轮缸防尘罩。

5）装复过程中，两制动蹄的位置不能互换。

6）靠下压压簧和旋转制动蹄固定销装上制动蹄。

7）安装制动鼓前，应将制动蹄与制动鼓的间隙调整至最大。

8）按规定力矩拧紧车轮螺母。

注意：如果制动管从制动轮缸上曾断开过，应给制动系统排气。

9）所有工作完成后，用 30kgf（1kgf=9.80665N）的力踩制动踏板五次，以便达到正确的制动蹄与制动鼓的间隙。

10）检查和确认制动鼓无卡滞，制动正常后，将车进行制动试验。

3.3.3　制动轮缸拆装技术要求

1. 制动轮缸的作用及结构

制动轮缸的作用是将制动主缸传来的液压力转变为使制动蹄张开的机械推力。

制动轮缸主要由缸体、活塞、皮圈、防护罩和放气螺钉等组成，如图 3-21 所示。

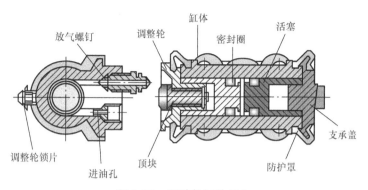

图 3-21　制动轮缸的结构

　　制动轮缸的缸体通常用螺钉固装在制动底板上，位于两制动蹄之间。缸体内装铝合金活塞，密封圈的刃口方向朝内。活塞外端压有顶块并与蹄的上端相抵紧。在缸体的另一端装有防护罩，可防止尘土及泥土的侵入。缸体上方装有放气螺钉，以便放出液压系统中的空气。

　　2. 拆装技术要求

　　1）在制动底板和轮缸之间涂防水密封胶。

　　2）按规定力矩将轮缸拧紧在制动底板上。

　　3）按规定力矩将制动管上的喇叭口螺母拧紧。

　　4）将制动管上拆下的排气螺塞盖装回排气螺塞上。

3.4　技能训练

技能训练一　车轮拆装及换位

　　1. 训练准备

　　1）实训车辆 1 台。

　　2）常用修理工具 1 套。

　　2. 训练要求

　　1）能够正确拆装车轮。

　　2）能够进行轮胎换位。

　　3）掌握轮胎换位方法。

　　3. 基本操作步骤

操作步骤描述：拆卸→换位→安装。

说明：我们以轿车为例来介绍车轮拆装及换位方法。

1）车辆的车轮附近都有一个加强的点，专门用于千斤顶顶起车

前后轮支车的位置

2）用千斤顶将车顶起，但是不要让车轮离开地面，目的是好卸螺母（千斤顶起作用即可）

3）拆卸车轮的螺母。注意拆卸时按对角线的顺序拧松螺母

4）将千斤顶顶起汽车，车轮离开地面，卸下车轮

5）打开行李箱，取下备胎

（续）

6）安装备胎，拧上螺母，拧紧两个螺母即可松卸千斤顶。待车轮着地后，拧紧车轮螺母。说明：拧螺母是按照对角线的方式进行	

技能训练二　拆装轮胎

1.训练准备

1）实训车辆 1 台。

2）常用修理工具 1 套。

2.训练要求

能够正确拆装轮胎。

3.基本操作步骤

> **操作步骤描述：拆卸→安装。**

步骤 1：压出轮胎。

1）拧出气门芯，放出轮胎中的气体。

2）在轮胎装配机上用轮缘松开器压出轮胎时务必注意，轮胎充气阀（图 3-22 中箭头）必须与轮缘松开器相对。

提示：轮缘松开器与轮辋凸缘的距离最大为 2cm。

3）除去配重和辐板式车轮上大块污物。

4）沿周围压下胎圈，同时，在轮胎和轮辋凸缘间大量涂抹轮胎装配膏（图 3-23 中箭头）。

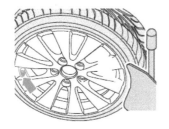

图 3-22　轮胎充气阀与轮缘松开器相对

图 3-23　涂抹轮胎装配膏

步骤 2：拆卸轮胎。

注意：装配头不允许位于轮胎充气阀区域 α 内（图 3-24），因为装配头会损坏轮胎充气阀。

1）将车轮安装到轮胎装配机上，使轮胎充气阀位于装配头前方（图3-24）。

2）将装配头固定在轮胎充气阀附近，以便轮胎撬棍能以大致30°的角度从轮胎充气阀附近插入。

3）接着，用轮胎撬棍将胎圈撬过装配头上的装配销，再次取下轮胎撬棍。

4）顺时针转动轮胎装配机，直到胎圈完全从轮辋凸缘上脱下。

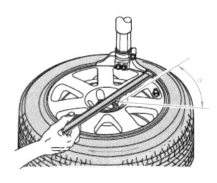

图3-24　将车轮安装到轮胎装配机上

提示：①检查轮胎充气阀是否松动或是否损坏，如果螺栓连接件松动，则必须使用维修套件中的新部件更换锁紧螺母、气门芯、密封件、密封垫和气门芯帽；②如果轮胎充气阀损坏，必须整个更换。

步骤3：安装轮胎。

提示：建议在更换轮胎时更换轮胎充气阀。

1）用轮胎装配膏大量地涂抹轮辋凸缘、胎圈和上部胎圈内侧。

2）首先安装轮胎内侧。

3）将车轮安装到轮胎装配机上，并且使轮胎充气阀（图3-25中箭头）与装配头相对。

4）将轮胎压入轮胎充气阀和装配头之间的轮辋凸缘（图3-25中虚箭头）内。

注意：检查胎圈在装配头上的位置是否正确，并使装配机能够顺时针转动。

5）在轮胎充气阀前侧结束轮胎的安装，以避免损坏轮胎充气阀。这时，胎圈滑过轮辋凸缘。当装配头位于轮胎充气阀前侧时，不允许继续转动车轮。

图3-25　轮胎充气阀与装配头相对

6）为轮胎充气，最大压力为3.3bar（起跳压力，$1bar=10^5Pa$）。

注意：如果胎圈没有完全紧贴车轮边缘，决不允许继续升高压力，否则可能造成轮胎或车轮早期磨损。

7）如果胎圈没有完全紧贴车轮边缘，排出空气，重新压出胎圈，并再一次用轮胎装配膏大量地涂抹轮辋凸缘。

8）为轮胎充气，最大压力为3.3bar（起跳压力，$1bar=10^5Pa$）。

9）将胎圈完好无损地紧贴在轮辋凸缘上，然后将轮胎充气压力升高至4bar（$1bar=10^5Pa$），用于轮胎"回座"。

10）拧入一个新的镀镍气门芯，并调整轮胎充气压力达到规定的值。

11）接着平衡车轮。

12）安装车轮，并以规定力矩拧紧。

技能训练三　拆装减振器总成

1.训练准备

1）实训车辆 1 台（迈腾）。

2）举升装置 1 个。

3）常用修理工具 1 套。

4）扩张器 1 个。

5）定位件 1 个。

2.训练要求

1）能够进行减振器总成（图 3-26）的拆卸。

2）能够进行减振器总成（图 3-26）的安装。

3.基本操作步骤

> **操作步骤描述：拆卸→安装。**

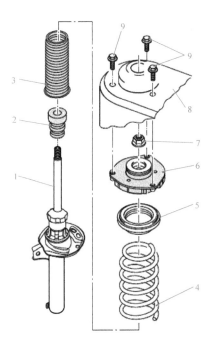

图 3-26　减振器总成装配图

1—减振器　2—限位缓冲块　3—保护套　4—螺旋弹簧　5—推力球轴承

6—弹簧座　7—六角螺母　8—减振器支座　9—螺栓

步骤1：拆卸。

1）松开轮毂上的传动轴螺栓。

提示：此时汽车不能四轮着地，否则车轮轴承会损坏。

2）拆卸车轮。

3）从减振器上拧下连接杆的六角螺母（图3-27中箭头）。

4）将连接杆从减振器上拔下。

5）拧出螺母（图3-28中箭头）。

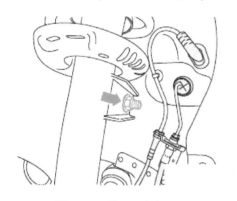

图3-27　拧下六角螺母

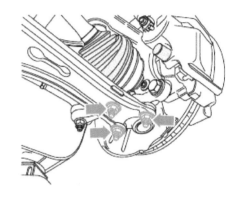

图3-28　拧出螺母

6）从控制臂中拔出带主销的车轮轴承支座。

7）从轮毂中拔出传动轴的外侧万向节。

8）用固定带将传动轴固定在车身上。

提示：不得过度弯曲传动轴，否则内侧万向节会由于过度弯曲而损坏。

9）重新将转向节主销和控制臂安装在一起。

10）将车轮螺栓定位件安装到轮毂上，并用发动机和变速器举升装置支承，如图3-29所示。

11）拆卸车轮轴承支座/减振器的连接螺栓（图3-30中箭头）。

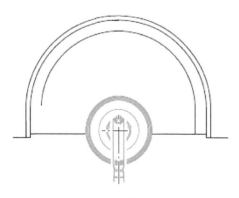

图3-29　安装定位件

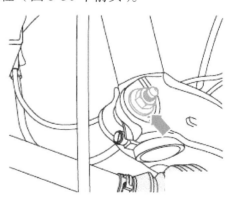

图3-30　拆卸螺栓

12）将扩张器插入车轮轴承支座的开口内（图 3-31）。

13）将扩张器旋转 90°。

14）用手将制动盘向减振器方向按压，使其相对减振器不得歪斜。

提示：在从减振器上脱开轴承支座时，注意不要损坏车轮转速传感器的导线和制动管路。

15）将发动机和变速器举升装置降下，从减振器上向下拔出车轮轴承支座，直至减振器与车轮轴承支座分离。

16）用固定带将车轮轴承支座绑紧到副车架上。

17）移开车轮轴承支座下方的发动机和变速器举升装置。

18）拆卸排水槽盖板。

19）拧下减振器上部的固定螺栓（图 3-32 中箭头），取出减振器。

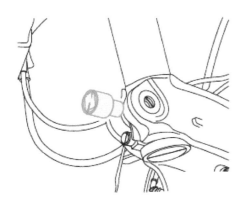
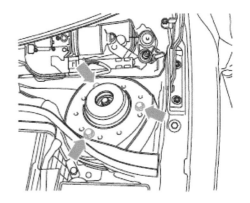

图 3-31　将扩张器插入车轮轴承支座的开口内　　　图 3-32　拧下减振器上部的固定螺栓

步骤 2：安装。

弹簧座上的两个标记（图 3-33 中箭头）中的一个必须指向行驶方向。

1）将减振器安装到支座上，拧紧减振器的紧固螺栓。

2）拆除车轮轴承支座的固定带。

3）用举升装置和定位件举起车轮轴承支座。

4）将车轮轴承支座推向减振器，略微晃动车轮轴承支座。

提示：慢慢举升车轮轴承支座，使其相对减振器不得歪斜，否则无法安装车轮轴承支座。

5）将车轮轴承支座安装到减振器上至限位位置。

6）转动并取出扩张器。

7）拧紧车轮轴承支座和减振器的连接螺栓。

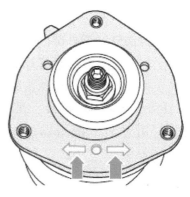

图 3-33　指向行驶方向

提示：内梅花螺栓的螺母必须指向行驶方向。

8）拧出螺母，并从控制臂中拔出万向节主销。

9）将万向节传动轴插入轮毂内。

10）将带转向节主销的车轮轴承支座安装到控制臂中。

11）拧紧转向节主销与控制臂的连接螺栓。

提示：注意不要损坏和扭转密封罩。

12）其他安装步骤以倒序进行。

技能训练四　拆装转向横拉杆

1. 训练准备

1）实训车辆1台（迈腾）。

2）举升装置1个。

3）常用修理工具1套。

4）万向节按压器。

5）卡箍钳。

6）弹簧卡箍钳。

7）插接头。

2. 训练要求

1）能够进行转向横拉杆拆卸。

2）能够进行转向横拉杆安装。

3. 基本操作步骤

> **操作步骤描述：拆卸→安装。**

步骤1：拆卸。

1）将转向盘放到正前打直位置。

2）松开车轮螺栓。

3）升高汽车。

4）清洁转向器外部的橡胶防尘套区域。

5）固定住转向横拉杆球头，使用插接头松开固定螺母，如图3-34所示。

6）松开转向横拉杆球头螺母，但不要拧下。

注意：为了保护螺纹，在轴颈上将螺母旋转几圈。

7）用万向节按压器从车轮轴承支座中压出转向横拉杆球头，并拧下螺母（图3-35）。

8）用弹簧卡箍钳松开防尘罩上的弹簧卡箍（箭头1），并将弹簧卡箍放置到转向横拉杆上（图3-36）。

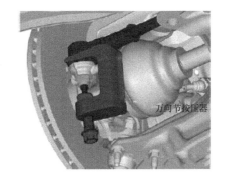

图 3-34　松开固定螺母 　　　　图 3-35　压出球头

9）拆下弹簧卡箍，并从转向器壳体上拔下橡胶防尘罩（图 3-37）。

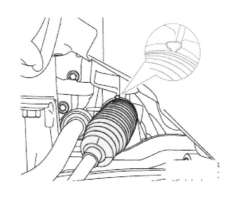

图 3-36　松开弹簧卡箍 　　　　图 3-37　拔下橡胶防尘罩

10）拧下转向横拉杆（图 3-38）。

步骤 2：安装。

安装以倒序进行，同时必须注意下列事项。

1）注意在每一侧均正确安装转向横拉杆。
转向横拉杆头右侧标记有"A"，左侧标记有"B"，如图 3-39 所示。

2）转向横拉杆拧入转向横拉杆头中，直至达到尺寸 a（图 3-40）。

3）安装完毕进行四轮定位。

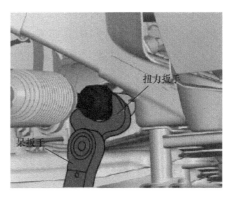

图 3-38　拧下转向横拉杆

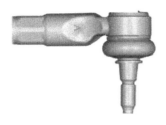

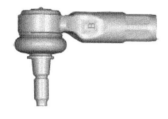

图 3-39　转向横拉杆标记

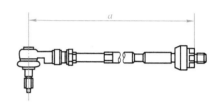

图 3-40　转向横拉杆拧入转向横拉杆头中

技能训练五　拆装转向横拉杆头

1. 训练准备

1）实训车辆 1 台（迈腾）。

2）举升装置 1 个。

3）常用修理工具 1 套。

4）万向节按压器。

5）卡箍钳。

6）弹簧卡箍钳。

7）插接头。

2. 训练要求

1）能够进行转向横拉杆头拆卸。

2）能够进行转向横拉杆头安装。

3. 基本操作步骤

操作步骤描述：拆卸→安装。

步骤 1：拆卸。

1）将转向盘放到正前打直位置。

2）松开车轮螺栓。

3）升高汽车。

4）拆下车轮。

5）使用插接头松开螺母 1（图 3-41）。

6）标记转向横拉杆头在转向横拉杆上的位置。

7）松开转向横拉杆头螺母 2（图 3-41），但不要拧下。

注意：为了保护螺纹，在轴颈上将螺母旋转几圈。

8）从车轮轴承支座中压出转向横拉杆并拧下螺母。

9）从转向横拉杆上拧下转向横拉杆头。

步骤 2：安装。

安装以倒序进行，同时必须注意下列事项。

1）注意在每一侧均正确安装转向横拉杆头。

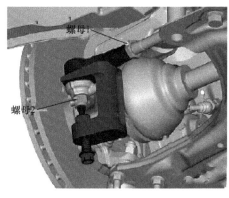

图 3-41　拆卸

2）旋转转向横拉杆头，直至到达事先在转向横拉杆上的标记位置，并用防松螺母固定。

3）将转向横拉杆头插入车轮轴承支座。

4）用新螺母拧紧转向横拉杆头。

5）安装前车轮并拧紧。

6）四轮定位。

技能训练六　拆装横向稳定杆（前车轮悬架）

1.训练准备

1）实训车辆 1 台（迈腾）。

2）举升装置 1 个。

3）常用修理工具 1 套。

4）万向节按压器。

2.训练要求

1）能够进行横向稳定杆拆卸。

2）能够进行横向稳定杆安装。

3.基本操作步骤

操作步骤描述：拆卸→安装。

迈腾前车轮悬架横向稳定杆装配图，如图 3-42 所示。

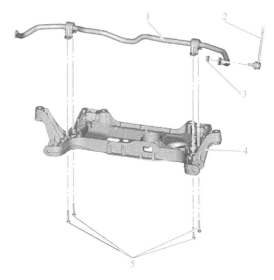

图 3-42　迈腾前车轮悬架横向稳定杆装配图

1—横向稳定杆　2—连接杆　3—螺母　4—副车架　5—螺栓

步骤1：拆卸。

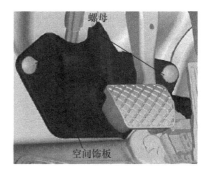

1）松开车轮螺栓
2）升高汽车
3）拆下前车轮
4）拧下螺母并拆下脚部空间饰板

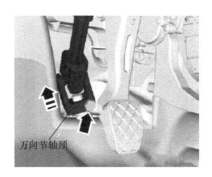

5）拧下万向节轴颈的螺栓（箭头），并沿虚箭头方向拔下万向节轴颈
6）拆下下部隔音垫

（续）

7）拆下连接杆左右两侧的六角螺母	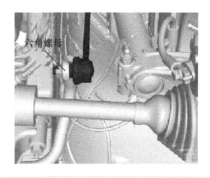
8）拧下汽车左右两侧的螺母（箭头）	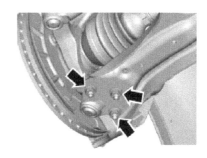
9）松开转向横拉杆头螺母，但不要拧下 注意：为了保护螺纹，在轴颈上将螺母旋转几圈	
10）从车轮轴承支座中压出转向横拉杆头并拧下螺母	
11）拔下发动机油位和油温传感器的连接插头（箭头）	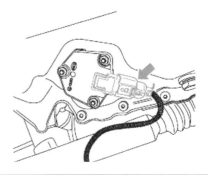

（续）

12）固定副车架的位置 13）从副车架上拧下稳定杆	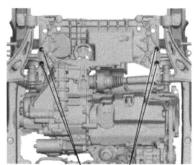 稳定杆　稳定杆
14）拧出螺栓，从变速器上拆下摆动支承	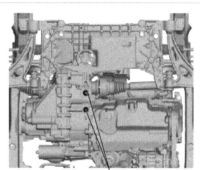 螺栓
15）拆下副车架上的排气装置支架（箭头）	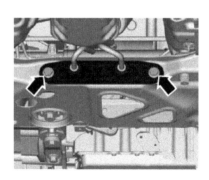
16）拧出螺栓（箭头），并取下转向器上的隔热板	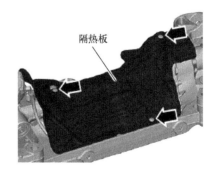 隔热板

（续）

17）从副车架上旋出导线支架的固定螺栓（箭头），松开导线支架	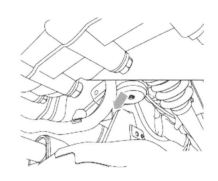
18）将举升装置放到副车架下	
19）拧出螺栓 20）将副车架放至合适位置，同时注意线束 提示：转向器的线束不要过多拉伸	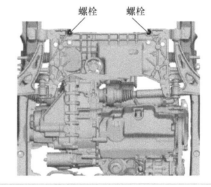
21）沿箭头 A 方向移动横向稳定杆 1 至限位位置 22）沿箭头 B 方向抬起横向稳定杆 23）沿箭头 C 方向转动横向稳定杆 1，并将其越过副车架向前取下 提示： 1）拆卸横向稳定杆时先将横向稳定杆的右侧取下 2）取出时略微转动横向稳定杆 3）不要损坏转向器的橡胶防尘罩 4）不要划伤横向稳定杆	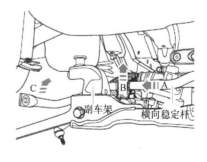

步骤 2：安装。

安装以倒序进行。

技能训练七　拆装横向稳定杆（后车轮悬架）

1. 训练准备

1）实训车辆 1 台（迈腾）。

2）举升装置 1 个。

3）常用修理工具 1 套。

4）万向节按压器。

2. 训练要求

1）能够进行横向稳定杆拆卸。

2）能够进行横向稳定杆安装。

3. 基本操作步骤

操作步骤描述：拆卸→安装。

迈腾后车轮悬架横向稳定杆装配图如图 3-43 所示。

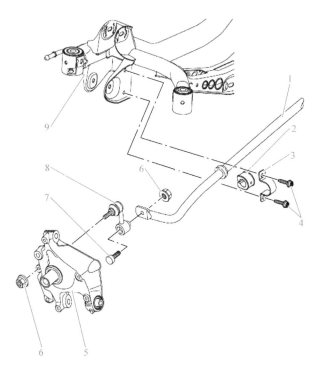

图 3-43　迈腾后车轮悬架横向稳定杆装配图

1—横向稳定杆　2—橡胶座　3—卡箍　4、7—螺栓　5—车轮轴承支座
6—螺母　8—连接杆　9—副车架

步骤 1：拆卸。

说明：下面描述的是汽车左侧的操作步骤。汽车右侧的操作步骤与左侧相同。

1）拧下螺母，并从横向稳定杆中拔出连接杆 提示：不要拧松横拉杆的螺栓（箭头所指）	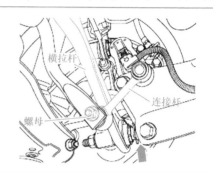
2）拧出左右两侧横向稳定杆卡箍的螺栓（箭头所指） 3）取出横向稳定杆	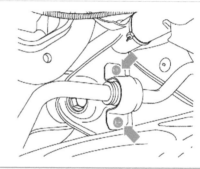

步骤 2：安装。

安装以倒序进行。

技能训练八　拆装盘式制动器

1. 训练准备

1）上海桑塔纳 2000 型轿车 1 辆。

2）常用修理工具 1 套。

2. 训练要求

正确拆装盘式制动器。

3. 基本操作步骤

> **操作步骤描述：拆卸→安装。**

步骤 1：拆卸。

图 3-44 所示为桑塔纳 2000 型轿车前轮盘式制动器的分解图。

1）制动器的拆卸。

① 松开车轮螺母，将车举起后拧下车轮螺母并取下车轮。

② 松开制动钳的紧固螺栓 (紧固力矩为 70N·m)，前轮制动器即可与车轮分离。

③ 拧松制动器罩的螺栓，制动器罩即可以从转向节体上取下。

④ 松开制动软管接头，并用容器收集制动液。

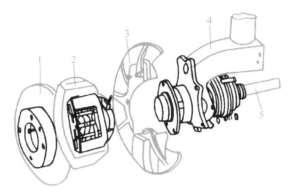

图 3-44　桑塔纳 2000 型轿车前轮盘式制动器的分解图

1—制动盘　2—制动钳　3—制动底板　4—车轮支承壳总成　5—传动轴

2）拆卸制动摩擦块。

① 如图 3-45 所示，拆卸上、下定位螺栓，用手卸下上、下定位弹簧。

② 取下制动钳，取下制动底板上的制动摩擦块。

③ 抽出制动轮缸中制动液，并用专用容器存放 (制动液有毒且有腐蚀性)，然后把制动轮缸活塞压回制动钳内。

步骤 2：装配。

1）按拆卸相反顺序安装制动器。

2）装入新的制动块。

3）安装上、下定位弹簧，如图 3-46 所示。

4）安装制动钳，用 70N·m 的力矩紧固螺栓。

5）安装完毕后，停车时用力将制动踏板踏到底数次，以便制动块正确到位，并配合系统放气。

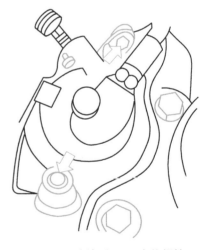

图 3-45　拆卸上、下定位螺栓

技能训练九　拆装鼓式制动器

1.训练准备

1）上海桑塔纳 2000 型轿车 1 辆。

2）常用修理工具 1 套。

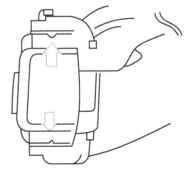

图 3-46　安装上、下定位弹簧

2. 训练要求

正确拆装鼓式制动器。

3. 基本操作步骤

> **操作步骤描述：拆卸→安装。**

步骤 1：拆卸 (图 3-47)。

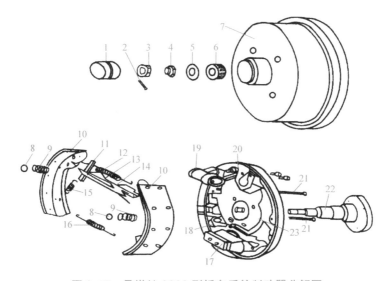

图 3-47　桑塔纳 2000 型轿车后轮制动器分解图

1—轮毂盖　2—开口销　3—开槽垫圈　4—调整螺母　5—止推垫圈　6—轴承　7—制动鼓　8—弹簧座
9—压簧　10—制动蹄　11—楔形块　12—回位弹簧　13—上回位弹簧　14—压力杆
15—楔形块回位弹簧　16—下回位弹簧　17—固定板　18—螺栓　19—制动轮缸
20—制动底板　21—定位销　22—后轮支承短轴　23—观察孔橡胶塞

1）拧松车轮螺母 (拧紧力矩为 110N·m)，将车举起后拧下车轮螺母并取下车轮。

2）用专用工具 VW673/2 卸下轮毂盖。

3）取下开口销及开槽垫圈，旋下后车轮轴承调整螺母，取出止推垫圈。

4）用螺钉旋具通过制动鼓螺孔向上拨动楔形块，使制动蹄与制动鼓放松，如图 3-48 所示，然后取下制动鼓。

5）用鲤鱼钳拆下压簧弹簧座，用手从下面的支架上提起制动蹄，取出下回位弹簧。

6）取下制动杆上的驻车制动拉索，用鲤鱼钳取下楔形块的回位弹簧和上回位弹簧。

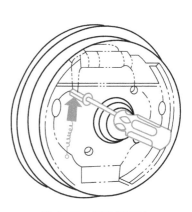

图 3-48　拨动楔形块

7）拆下制动蹄并把带压力杆的制动蹄夹紧在台虎钳上，拆下回位弹簧，取下制动蹄，如图 3-49 所示。

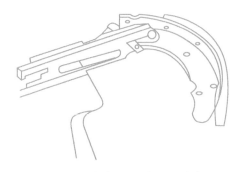

图 3-49　拆卸制动蹄回位弹簧

8）如有必要，拆下制动轮缸并解体，如图 3-50 所示。

图 3-50　制动轮缸的分解

1—防尘罩　2—密封圈　3—弹簧　4—轮缸外壳　5—放气阀　6—防尘罩　7—活塞

步骤 2：装配。

1）装上回位弹簧，将制动蹄装在压力杆上。

2）装上楔形块，凸块朝向制动底板。

3）将制动蹄装在压力杆上，如图 3-51 所示。

4）装入上回位弹簧，在传动臂上套上驻车制动拉索。

5）把制动蹄装在制动轮缸的活塞外槽上。

6）装入下回位弹簧，并把制动蹄提起，装到下面的支座上。

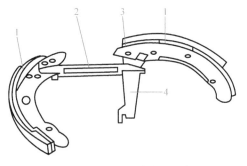

图 3-51　将制动蹄装在压力杆上

1—制动蹄　2—压力杆　3—销轴　4—制动杆

7）装上楔形块回位弹簧。

8）装上制动鼓、轴承及止推垫圈，调整好轮毂轴承间隙后再装上开槽垫圈及新的开口销。

9）装好后踩一下制动踏板，使制动蹄正确到位，摩擦片与制动鼓的间隙得到自动调整（若制动轮缸进行了分解，装配后则要进行系统排气）。

复习思考题

1. 中型货车的轮胎换位方法是什么？

2. 重型货车的轮胎换位方法是什么？

3. 轿车及小客车的轮胎换位方法是什么？

4. 双向作用筒式减振器的工作原理是什么？

5. 充气式减振器的工作原理是什么？

6. 如何检查减振器？

7. 转向拉杆的作用是什么？

8. 横向稳定杆的作用是什么？

9. 盘式制动器的类型有哪些？

10. 浮钳盘式制动器由哪几部分组成？

11. 浮钳盘式制动器工作原理是什么？

12. 鼓式制动器由哪几部分组成？

13. 鼓式制动器的工作原理是什么？

14. 制动轮缸的作用是什么？

15. 制动轮缸由哪几部分组成？

16. 车轮拆装要领有哪些？

17. 如何拆装轮胎？

18. 如何更换减振器总成？

19. 如何拆装转向横拉杆？

20. 如何拆装横向稳定杆？

21. 如何拆装盘式制动器？

22. 如何拆装鼓式制动器？

项目
3

4.1 蓄电池、照明、信号装置拆装

4.1.1 蓄电池更换技术要求

1. 检查是否需要更换蓄电池

（1）蓄电池外观检查 蓄电池的外观都是比较规整的，如果打开前盖发现蓄电池出现明显的鼓包或者变形的情况，则需要更换。另外还需要观察蓄电池接线柱的位置，如果接线柱周围出现大量白色或者绿色粉末，说明蓄电池可能出问题，需要更换。

（2）检查观察口 大部分的蓄电池会有一个观察口，一般位于蓄电池的正前方。从观察口一般可看到三种颜色：黑色、黄色和绿色。黑色代表快报废了，需要立即更换；黄色代表亏电了；绿色则是使用正常且电量充足。

说明：观察口的信息只能作为参考，并不完全准确。

（3）蓄电池检测 汽车蓄电池的电压大多在12V左右，只有在发动机起动后才会提升到13~14V，这都是正常电压值。可以采用电压测量仪或万用表来测量蓄电池的电压。如果发动机在未起动状态下，电压小于12V或者起动后低于13V，都说明蓄电池耗电比较严重。通过蓄电池的电压判断蓄电池状况是比较常用的一种方法，如图4-1所示。

2. 蓄电池更换步骤及技术要求

（1）准备拆卸工具和新电池 拆卸工具只需钳子和螺钉旋具。新电池的规格必须符合车型规格。蓄电池分为免维护蓄电池和干荷氏蓄电池两大类。

（2）先拆负极后拆正极 蓄电池负极与车身相通，如果先拆正极，金属工具在操作时就有可能因为接触到车身而造成短路。如果电池上连接

图4-1 测量电压

其他的车载电器连线，也要拆除。

（3）拆卸压紧夹持器螺栓（图4-2） 拆卸蓄电池压紧夹持器螺栓，然后拆卸夹持器及蓄电池。如果蓄电池有隔热材料，也要一同拆卸。如果螺栓已经锈蚀无法拆卸，可以滴一些除锈剂。

（4）取出蓄电池时倾斜不能超过40° 取出蓄电池时倾斜不能超过40°，防止一些干荷氏蓄电池电解液渗漏。要戴手套操作，并防止电解液溅到身上。

（5）清理电极插头 蓄电池的电极插头暴露在空气中，会产生氧化物、硫酸盐等，可用细砂纸打磨干净，然后用凡士林涂抹，以防再次锈蚀。

图4-2 拆卸压紧夹持器螺栓

（6）安装新蓄电池 将规格合适的蓄电池安装在电池架上，先安装负极后安装正极。注意拧紧螺栓，否则行车时产生的振动会造成蓄电池的电极损坏，缩短电池的使用寿命。

（7）注意蓄电池的绝缘 安装其他电器连线要注意蓄电池的绝缘，如果正极端子裸露在空气中，容易引发蓄电池短路。所以安装工作的最后一步是把正极端子上的橡胶套盖上，和其他的金属绝缘隔离。这样，蓄电池更换就完成了。

4.1.2 照明指示灯泡更换技术要求

1. 分类

汽车灯具按照功能划分为汽车照明灯和汽车信号灯。汽车照明灯主要有前照灯、雾灯、牌照灯、仪表灯、顶、工作灯。汽车信号灯包括转向信号、危险警告闪光灯、示宽灯、尾灯、制动灯、倒车灯。

2. 前照灯一般规定与要求

前照灯是汽车的主要照明装置。前照灯的配光性能应使其远光、近光均具有足够的发光强度，且近光不炫目。近光是夜间会车或尾随其他车辆时使用的近距离照明光束，近光灯应能照明车前40m远的道路；远光是不会车或不尾随其他车辆时使用的远距离照明光束，远光灯应能照明车前100m远的道路。为了夜间行车安全，前照灯主要从发光强度和光束照射位置两个方面做出如下规定。

1）在检验汽车前照灯的近光光束照射位置时，前照灯在距离屏幕10m处，光束明暗截止线转角或中点的高度应为0.6~0.8H（H为前照灯基准中心高度），其水平方向位置向左或向右偏差均不得大于100mm。

2）四灯制前照灯其远光单光束灯的调整，要求在屏幕上光束中心离地高度为0.85~0.90H，水平位置要求左灯向左偏不得大于100mm，向右偏不得大于170mm；

右灯向左或向右偏均不得大于 170mm。

3）汽车装用远光和近光双光束灯时以调整近光光束为主。对于只能调整远光单光束的灯，则调整远光单光束。

4）汽车每只前照灯的远光光束发光强度应达到表 4-1 中的要求。测试时，其电源系统应处于充电状态。

表 4-1　汽车前照灯的远光光束发光强度要求　　　　　　　　　　（单位：cd）

新注册车		在用车	
两灯制	四灯制	两灯制	四灯制
15000	12000	12000	10000

对于四灯制的机动车，其中两只对称的灯达到两灯制的要求即视为合格。

3.其他照明及信号装置一般规定与要求

汽车的位灯、后位灯、示廓灯、挂车标志灯、牌照灯、雾灯和仪表灯等是保证汽车夜间或能见度低的情况下安全行车的一组重要的信号装置。该组信号装置应能同时起闭，在前照灯关闭和发动机熄火时仍能点亮。所有车辆均应装有危险警告闪光灯，其操纵装置不受电源总开关的控制。车辆的转向信号灯、危险警告闪光灯及制动灯白天距离 100m 可看见，侧转向信号灯白天距离 30m 可见；前位灯、后位灯、示廓灯和挂车标志灯夜间好天气 300m 可见；后牌照灯夜间天气好 20m 能看清牌照号码。制动灯的亮度应明显大于后位灯。车辆照明及信号装置的任一条线路出现故障，都不得干扰其他线路的正常工作。

4.更换前照灯灯泡的方法

（1）拔出灯泡的电源插口　在凉车之后，打开发动机舱盖，这时可以看见前照灯总成，先要把灯泡的电源插口拔掉。拔出灯泡电源插口时，力度要适中，避免将插口接线弄松或损坏灯泡插口。

（2）将灯泡后的防水盖拿掉　防水盖大多采用橡胶制作，顺着螺口方向直接拧下来即可（有些车型可以直接抠下来），并不需要太大的力气。

（3）将灯泡从反射罩中取出　灯泡一般由钢丝卡簧固定，某些车型的灯泡还带有塑料底座。

（4）将新灯泡放入反射罩　放灯泡时要对准灯泡的固定卡位，捏住两边的钢丝卡簧往里推，将新灯泡固定在反射罩内。

（5）还原拆下来时的步骤　重新盖上防水盖，将灯泡电源插上，更换操作就结束了。

5.更换前照灯灯泡注意事项

1）开始更换之前保证车辆熄火，拔掉车钥匙，待发动机完全冷却之后方可动手。

2）保证灯泡的电压和功率与原车一样。

3）整个更换过程都戴手套操作，安装灯泡时不能用手直接触摸灯泡玻璃，以防

灯泡沾上污渍影响使用效果和使用寿命。

4）选择新灯泡的具体标准是参数接近、结构相同、符合年检要求。

4.1.3 熔丝更换技术要求

熔丝的最基本作用是当电路电流异常并且超过其额定电流时熔断起到电路保护的作用。熔丝有两个重要的工作参数：一个是额定电流，一个是额定电压。使用时要根据电路的电流和电压来选择相对应的熔丝。

1. 熔丝的规格

汽车熔丝一般设计成插片式，两插片引脚之间是熔体，外表包裹着透明的工程塑料作为外壳。插片式熔丝的规格一般为 2 ~ 40 A。

为方便识别和更换，汽车行业一般用不同的颜色来区分不同规格的熔丝：2 A 的为灰色、3A 的为紫色、4A 的为粉色、5A 的为橘黄色、7.5A 的为咖啡色、10 A 的为红色、15A 的为蓝色、20A 的为黄色、25A 的为无色透明、30A 的为绿色、40A 的为深橘色。颜色与电流都有相对应关系。

2. 熔丝的位置

（1）发动机舱熔丝盒（图 4-3） 主要负责管理汽车外部的用电器，如发动机控制单元、喇叭、刮水器、ABS、前照灯等。 此熔丝盒里面除了安装了熔丝以外，还安装有各种继电器。

（2）驾驶室熔丝盒（图 4-4） 主要管理车内的用电器，如车窗升降器、安全气囊、电动座椅、点烟器等。

图 4-3　发动机舱熔丝盒

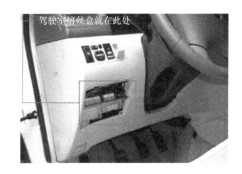

图 4-4　驾驶室熔丝盒

3. 熔丝烧断的原因

1）选择了较大功率的灯泡或者选择了功率较大的灯光改装件。

2）点烟器接口加装了多路转接器，同时使用较多的汽车辅助设备，导致同一线路电流过大。

3）汽车加装电器设备过多，改造接线包裹不严实，容易造成接口氧化。

4）用自来水直接冲洗发动机舱，而且没有及时做吹干处理，导致线路短路，接头过分潮湿，时间长了会造成接头的氧化，存在自燃的风险。

5）电线胶皮老化、裸露金属线造成短路；在进行车内清洗时，触碰到埋藏在地板内的电线。

4. 汽车熔丝烧断的判断方法

（1）肉眼直观判断　大部分可以用直观的方法判断，只要看到里面的熔丝两插片之间的熔体已经断开就要更换。

（2）万用表电阻档测量　有的汽车熔丝的材料使用不是很好，透明度不足，或者熔丝表面有磨损，我们可以选用万用表电阻档进行检测，如图 4-5 所示。

5. 更换熔丝的一般方法

1）结合汽车的故障表现，区分是"发动机舱熔丝盒"还是"驾驶室熔丝盒"故障。

2）找到汽车熔丝盒内合适的备用熔丝进行更换。

3）没有合适的熔丝替换时，将电流值稍大的熔丝临时替代损坏的熔丝，如

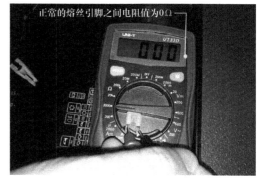

图 4-5　测量熔丝电阻

10A 代替 7.5A，15A 替换 10A，但停车后必须尽快恢复原来的熔丝规格。

注：一般来说，同一款汽车将使用相同尺寸的熔丝，这样就可以用同一个熔丝夹子，"备用熔丝"一般都放在"发动机舱熔丝盒"内。

4.2　其他辅助电气系统拆装

4.2.1　刮水器更换技术要求

1. 刮水器的功能及组成

刮水器是指安装在风窗玻璃前的片式结构，主要作用是扫除风窗玻璃上妨碍视线的雨雪和尘土。

汽车上广泛采用的电动式刮水器主要由微型直流电动机、蜗杆减速器、刮水臂、摇臂和刮水片等部件组成，其作用是清扫驾驶室风窗玻璃上的雨水、积雪和灰尘等，如图 4-6 所示。

刮水器通常设置有慢速、快速和间歇档（5~8s 内工作一次）等档位。为防止刮水器停止时刮水片停留在玻璃中间影响视线，在刮水器上还设有自动复位装置，保证在任何时候关闭刮水器时，刮水片都能回到规定位置后停止工作。

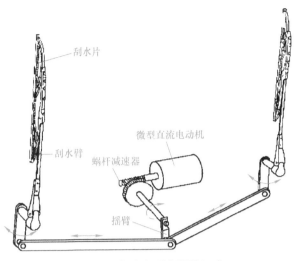

图 4-6　电动式刮水器的组成

2. 刮水器使用注意事项

1）刮水器能发挥良好作用的关键是刮水片能保持充足的湿润度。只有保持充足的湿润度，它才能有非常好的韧性，以保持和风窗玻璃接触的紧密性。

2）早晨出车前，用湿布擦一遍风窗玻璃。

3）开车途中，掉小雨点时，不要急着开刮水器。这时前窗上的水分不足，刮水器干刮只会产生适得其反的效果。小雨中开始使用刮水器，最好是喷玻璃水后再开始刮，以保证前窗上有足够的水分来湿润刮水器。

4）刮水器最好使用第二档，连续来回刮。

3. 更换技术要求

质量好的刮水器必须具备耐热、耐寒、耐酸碱、耐腐蚀、能贴合风窗玻璃、减轻电动机负担、噪声低、拨水性强、质软不刮伤风窗玻璃等特性，能使视野清晰。为确保行车安全，刮水器一般每年更换一次。

1）首先弄清楚刮水器的规格，可参考随车手册，看清上面注明的刮水器型号。

2）要注意支杆连接至刮水臂的方式是否匹配。因为有的支杆是用螺钉固定到刮水臂上的，而有些则是用凸扣锁死的。

3）将刮水器拉起来，用手指在清洁后的橡胶刮水片上摸一摸，如果刮水片老化、硬化，出现裂纹，则应更换。

4）检查刮水状态以及刮水臂是否存在摆动不均匀或漏刮的现象。如果出现以下三种情况，应更换。

① 摆幅不顺、刮水器不正常跳动。

② 刮水片的接触面与玻璃面无法完全贴合，存在擦拭残留。

③ 擦拭后玻璃面呈现水膜状态，玻璃上产生细小条纹、雾及线状残留。

4. 刮水器维护保养

1）晴天使用刮水器除去风窗玻璃表面的灰尘时，一定要喷洒玻璃水，不能干刮。

2）玻璃上有其他顽固、坚硬的污物时，应该手工清理。这些东西很容易使刮水片受伤，导致刮不干净。

3）洗车和日常打扫需抬起刮水片时，要直拿刮水片的"脊背"，放时轻轻送回，不可将刮水片直接弹回。

4）冬季使用时，应先用冰铲清理风窗玻璃表面的冰碴，以免加重刮水片的负担。

5）尽量避免高温曝晒。夏日强烈的高温会使刮水片失去弹性。

6）冬季天气比较寒冷，洗车之后要及时清理刮水片和玻璃上的积水，以免导致刮水器结冰，无法正常工作。

7）经常检查刮水片是否有龟裂或者破损，如果有，应及时更换。

8）每次使用刮水器后，及时清理留在刮水片上的结冰。

9）如果发现刮水器被雪水粘在风窗玻璃上，千万不要用热水直接冲洗，这样容易使车窗因为温度变化而炸裂、刮水器变形。正确的方法应该是将空调开至热风，吹风模式为前风窗玻璃，待刮水器自然化开。

10）在停车前应将刮水器关闭再熄火，否则一起动车，刮水器就自动开启。这种情况下，被冻上的刮水器很容易损坏。如果遇到大雪天，必要时夜间停车将刮水片支起来，以避免被冻住。

5. 刮水器拆装

首先，要先将刮水器完全立起来，为了避免在拆装过程中损伤风窗玻璃，建议拆装刮水器时在风窗玻璃处垫上一块布。

其次，将刮水片改变角度，最好使其与刮水臂成 90° 角。因为刮水片整体与刮水臂是用卡子卡住的，因此在成一定角度之后便于拆装。

按角度放好之后即可开始拆装，先将橡胶刮水片提起，为的是让刮水臂与刮水片的固定钩暴露出来。一只手横向掰开橡胶刮水片，另一只手则用力向下按主支架，使刮水器刮水片与刮水臂分离，在这之后即可将刮水器刮水片整体拿下。

4.2.2　喇叭更换技术要求

喇叭是汽车的音响信号装置。在汽车的行驶过程中，驾驶人根据需要和规定发出必需的音响信号，警告行人和引起其他车辆注意，保证交通安全，同时还用于催行与传递信号。

汽车喇叭按声音动力分为气喇叭和电喇叭两种；按其外形分为筒形、螺旋形和盆形三种；按发声频率分为高音喇叭和低音喇叭两种。

1. 气喇叭

气喇叭的工作原理是利用压缩空气的气流使金属膜片振动而发出声音，因此必须在带有空气压缩机的汽车上方能使用。一般在大客车和重型货车上都装有气喇叭，特别是长途运输车在山区或弯道等地段行驶时，用气喇叭鸣叫，能有效地提醒行人和对方来车驾驶人。因为气喇叭音量大，余音好，声音悦耳且传播较远。气喇叭一般采用筒形，并使用高音与低音两个喇叭联合工作。

2. 电喇叭

电喇叭的工作原理是利用电磁吸力使金属膜片振动而发出声音。它是汽车上广泛应用的一种喇叭，按结构形式分为筒形电喇叭、螺旋形电喇叭和盆形电喇叭三种，螺旋形电喇叭或盆形电喇叭用得较多。

通常使用的电喇叭根据其工作方式可以分为机械式电喇叭和电子式电喇叭两种。其中电子式电喇叭又分为触点电子式电喇叭和无触点电子式电喇叭两种。触点电子式电喇叭利用触点的闭合与断开控制电磁线圈中励磁电流的通断，从而使铁心（或衔铁）以一定频率做上下移动，并带动金属膜片振动而产生声音。无触点式电喇叭利用电子线路来控制电磁线圈中励磁电流的通断，使铁心以一定频率移动，并带动金属膜片振动而产生声音。

电喇叭具有能源方便、结构简单、体积小、质量小、噪声小、保修容易、声音洪亮及音质悦耳等优点。

3. 喇叭的维护

1）经常保持喇叭外表清洁，各接线要牢靠。

2）经常检查、紧固喇叭和支架的固定螺钉，保证其搭铁可靠。

3）喇叭的固定方法对其发音影响较大。为了使喇叭的声音正常，喇叭不能做刚性安装，因而固定在缓冲支架上，即在喇叭与固定支架之间要装有片状弹簧或橡胶垫。

4）经常检查发电机输出电压。电压过高会烧坏喇叭触点，电压过低（低于喇叭的额定电压）喇叭将发出异常声音。

5）洗车时，不能用水直接冲洗喇叭筒，以免水进入喇叭筒而使喇叭不响。

6）在检修喇叭时，应注意各金属垫和绝缘垫的位置，不可装错。

7）喇叭连续发音不得超过 10s，以免损坏喇叭。

8）不可将各类异物放入喇叭，以免造成异常音。

4. 拆装注意事项

1）一定按照拆卸步骤进行，切不可拆不下来强行撬、拉。

2）在拆装过程中，不能损坏原车线路和造成短路。

3）线路不能接错。

项目
4

4.3 空调系统拆装

4.3.1 冷凝器清洁方法和技术要求

　　汽车空调冷凝器是通过散热金属薄片实现外界空气和管道内物质的热交换的装置。它一般安装在车头和散热器一起，这样便于利用行驶中的气流加强热量的散发，如图 4-7 所示。

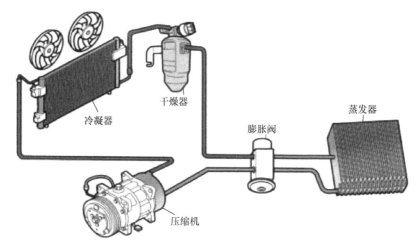

图 4-7　汽车空调系统

　　冷凝器的管片材料最早是全铜的，现在大部分是全铝的，少量有采用铜管铝片的。

1. 冷凝器的常见故障

　　冷凝器出现散热性能差、泄漏或阻塞故障时会使空调系统制冷不足或不制冷。冷凝器的常见故障有：冷凝器散热片脏污、堵塞、变形或破损；冷凝器管路连接处有破损、泄漏等。

2. 冷凝器的拆卸

　　当冷凝器需要更换或需拆下检修时，按如下步骤拆卸。

　　1）排出制冷剂。

　　2）拆下与冷凝器相连接的管路，并用布塞住管口。

　　3）松开冷凝器固定螺栓，取出冷凝器。拆卸冷凝器时应小心不要碰坏冷凝器散热片。

3. 冷凝器的检查与清洁

　　1）检查冷凝器散热片表面是否脏污，若是，用软毛刷刷洗。不要用蒸汽或高压水枪冲洗，以免损坏冷凝器散热片。

　　2）仔细检查冷凝器表面有无脱漆、变形、破损和裂纹等。如果有破损、裂纹或变形，会影响冷凝器的密封性及内部制冷剂的正常流通，需更换冷凝器。

4.冷凝器的安装

按与拆卸相反的顺序安装冷凝器，安装后应抽真空、补充制冷剂并检查有无泄漏。

4.3.2　空调滤清器更换方法和技术要求

汽车空调滤清器是一种专门用于汽车室、厢内空气净化的滤清器，采用高效吸附材料——活性炭与长丝无纺布复合的活性炭复合滤布，结构紧凑，能有效过滤烟臭、花粉、尘埃、有害气体和各种异味。滤清器还能高效过滤吸附颗粒杂质达到滤油、净化空气性能的同时，又能很好去除苯、酚、氨、甲醛、二甲苯、苯乙烯等有机气体。

当空调的档位已经开到了够大，但是制冷或制热的出风量很小时，若空调系统正常，原因可能为使用的空调滤清器通风效果差，或是空调滤清器使用时间过长，应及时更换。

当空调工作时吹出的风有异味，原因可能是空调系统已很久未使用，内部系统和空调滤清器因受潮发霉引起，建议清洗空调系统或更换空调滤清器。

空调滤清器的使用寿命在一年或30000km左右。

空调滤清器的位置一般在副驾驶位的手套箱里，也有一些会在车头的前风窗玻璃下面，具体位置可以查阅车辆用户手册。

空调滤清器更换方法如下。

1）确认空调滤清器的位置。

2）掰开两只金属卡子，将整个空气滤清器盒盖掀起。

说明：设计时考虑到经常拆卸清理，一般车型都不会使用螺钉固定。也有的车型会在盒盖的卡箍上安装螺钉，这时需要选取合适的旋具将空气滤清器卡箍上的螺钉拧下。

3）将空调滤芯取出，检查是否有较多尘土，可以轻轻拍打滤芯端面，用压缩空气由里向外吹去滤芯上的尘土。

注意：切勿用汽油或水洗刷。如果空气滤清器已经发生严重堵塞，则需要更换新的。

4）按照拆卸相反的顺序进行安装。

注意事项如下。

1）拆除时一定要记住顺序，这是为了在安装时能够顺利进行。

2）在装复空调滤清器之前要确认滤芯以及进气盒中没有水分残留。

3）清洁或者更换，在安装时，一定要注意空调滤芯的安装箭头方向，要不然不但没有作用还会将灰尘吹进车内。

4.4 技能训练

技能训练一　更换蓄电池

1. 训练准备

1）大众迈腾轿车 1 辆。

2）常用修理工具 1 套。

2. 训练要求

正确拆装蓄电池。

3. 基本操作步骤

> **操作步骤描述：拆卸→安装。**

蓄电池装配图，如图 4-8 所示。

步骤 1：拆卸。

步骤 2：安装。

安装以倒序进行，同时必须注意下列事项。

1）由于振荡造成蓄电池损坏，进而缩短蓄电池的使用寿命。

2）未按规定固定蓄电池会导致损坏蓄电池栅格板。

3）由紧固卡箍／固定板导致的蓄电池壳体损坏，可能出现酸液泄漏，后果严重。

4）用规定的拧紧力矩拧紧所有螺栓。

5）安装好蓄电池后检测是否牢固。

6）连接蓄电池连接线。

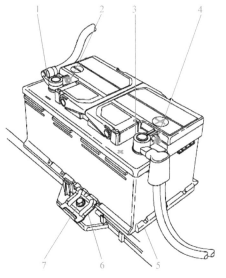

图 4-8　蓄电池装配图

1—蓄电池接地线的接线端
2—接地线的接线端紧固螺母
3—正极线的接线端
4—正极线的接线端紧固螺母
5—蓄电池　6—紧固卡箍／固定板
7—紧固螺栓

1）关闭点火开关和所有用电器，并脱开位于 0（预锁止位置）位中的点火钥匙

2）松开接线端螺栓连接 1，并从蓄电池负极上拔下蓄电池接地线的接线端

3）松开接线端螺栓连接 2，并从蓄电池正极上拔下蓄电池正极线的接线端

说明：当断开蓄电池负极后，就可以确保安全地操作电气设备；只有在拆卸蓄电池时，才需要拧下蓄电池正极线的接线端

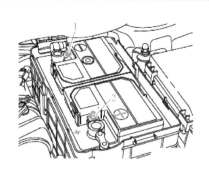

（续）

4）沿图中箭头方向向上拔出蓄电池箱壁或取下蓄电池护罩	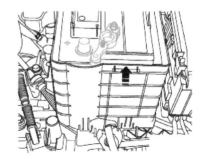
5）旋出紧固螺栓 1，取下固定板 2	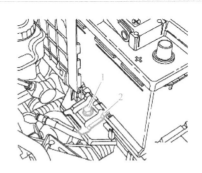
6）按箭头所示向上翻起把手（如果有），取出蓄电池	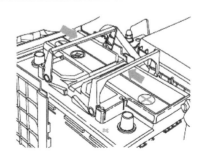

项目
4

技能训练二　更换照明指示灯

1. 训练准备

1）大众迈腾轿车 1 辆。

2）常用修理工具 1 套。

2. 训练要求

正确拆装前照灯。

3. 基本操作步骤

操作步骤描述：拆卸→安装。

步骤 1：拆卸。

提示：不必断开蓄电池的接地线。

1）关闭点火开关和所有电器，并脱开位于 0（预锁止位置）位中的点火钥匙。

2）解锁并脱开前照灯背面的插头连接（图 4-9 中箭头）。

3）拆卸前保险杠盖板。

4）旋出前照灯下部和内部的两个紧固螺栓（图 4-10 中箭头）。

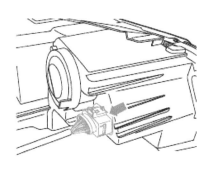

图 4-9　解锁并脱开前照灯背面的插头连接

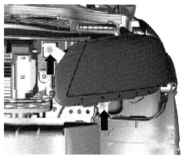

图 4-10　旋出下部和内部的紧固螺栓

5）旋出上部紧固螺栓 2（图 4-11）。

6）用星形旋具通过车身上的开口旋出后部的紧固螺栓 1（图 4-11）。

7）向前从车身开口处取出前照灯。

步骤 2：安装。

安装以倒序进行，同时必须注意下列事项。

1）用规定的拧紧力矩拧紧所有紧固螺栓。

2）检测前照灯的功能。

图 4-11　旋出上部和后部的紧固螺栓

1、2—紧固螺栓

3）检查前照灯安装位置的间隙尺寸是否均匀。

4）如果前照灯安装位置的间隙不均匀，就必须校正安装位置。

技能训练三　更换组合仪表

1.训练准备

1）大众迈腾轿车 1 辆。

2）常用修理工具 1 套。

2. 训练要求

正确拆装组合仪表。

3. 基本操作步骤

操作步骤描述：拆卸→安装。

步骤 1：拆卸。

1）关闭点火开关和所有电器，并脱开位于 0（预锁止位置）位中的点火钥匙。

2）拆卸组合仪表挡板，拆卸杂物箱、盖板和挡板。

3）拆卸驾驶员侧挡板，拆卸杂物箱、盖板和挡板。

提示：不需要拆卸转向盘，将转向盘调节到合适位置上。

4）旋出组合仪表的紧固螺钉（图 4-12 中箭头）。

5）根据已连接的导线长短，从仪表板中笔直向后拉出仪表板。

6）按压锁止卡，沿箭头方向翻转防松箍 1，压出插头连接 2（图 4-13）。

7）从车内取出组合仪表。

图 4-12　旋出紧固螺钉

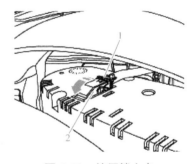

图 4-13　按压锁止卡

1—防松箍　2—插头连接

步骤 2：安装。

安装大体以倒序进行，同时注意在安装后检测组合仪表的功能。

技能训练四　更换熔丝

1. 训练准备

1）轿车 1 辆。

2）常用修理工具 1 套。

2. 训练要求

正确拆装熔丝。

3. 基本操作步骤

操作步骤描述：拆卸→安装。

1）找到熔丝盒位置。驾驶室内的熔丝盒一般位于中控台靠近车门的一侧或在转向盘的下面；发动机舱内的熔丝盒一般在车辆的发动机舱边缘

2）查阅熔丝表找到熔丝位置。按熔丝盒盖子内的熔丝对照表可以查找到要找的熔丝位置

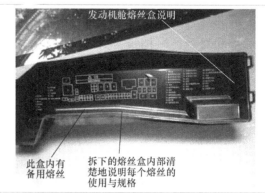

发动机舱熔丝盒说明

此盒内有备用熔丝　　拆下的熔丝盒内部清楚地说明每个熔丝的使用与规格

3）对照找到熔丝实际位置。有了所要找熔丝的具体位置，便可以找到熔丝在车内的实际位置

4）利用汽车配备的专用工具拔出损坏的熔丝，之后换上备用的新熔丝

说明：目前车辆使用的插片式熔丝没有正负极之分，因此在更换熔丝时只要注意熔丝尺寸和安培数就可以

技能训练五　　更换刮水臂

1.训练准备

1）大众迈腾轿车 1 辆。

2）常用修理工具 1 套。

2.训练要求

正确拆装刮水臂。

3.基本操作步骤

操作步骤描述：拆卸→安装。

风窗玻璃刮水器装配图如图 4-14 所示。

步骤 1：拆卸。

1）将刮水器运行至终端停止位置，然后关闭点火开关。

2）用螺钉旋具撬下刮水臂紧固螺母盖罩（图 4-15）。

3）拧下紧固螺母（图 4-15）。

4）如图 4-16 所示，正确放置顶拔器。

注意：可能会损坏刮水器轴。每次都要使用压块 3 松开刮水臂。

5）沿顺时针转动顶拔器的压紧螺栓 1，直到压块 3 紧贴在刮水器轴上。用开口宽度为 6mm 的六角扳手沿顺时针方向转动顶拔器的压紧螺栓 1，直至从轴上松开刮水臂 4。

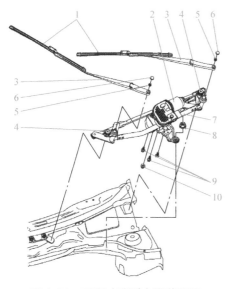

图 4-14　风窗玻璃刮水器装配图

1—刮水片　2—电动机　3—刮水臂
4、9—紧固螺栓　5、8、10—紧固螺母
6—盖罩　7—框架

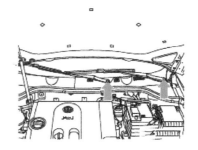

图 4-15　拆卸盖罩，拧下紧固螺母

图 4-16　将顶拔器推到刮水臂的下方

1—压紧螺栓　2—顶拔器　3—压块　4—刮水臂

6）取下顶拔器和刮水臂。

步骤 2：安装。

安装大体以倒序进行，同时注意下列事项。

1）在调节刮水片的终端停止位置后，才能以规定的力矩拧紧刮水臂的紧固螺母。

2）将刮水器电动机运行到终端位置。

3）打开点火开关并简短地向下按压一次转向柱拨杆（点动刮水）。

4）在刮水器电动机停转后再次关闭点火开关。

5）将刮水臂安装在刮水器轴的终端停止位置，并用手拧紧紧固螺母。

6）调节刮水片终端停止位置。

技能训练六　更换刮水片

1. 训练准备

1）大众迈腾轿车 1 辆。

2）常用修理工具 1 套。

2. 训练要求

正确拆装刮水片。

3. 基本操作步骤

操作步骤描述：拆卸→安装。

说明：要拆卸刮水片，必须把刮水臂运行到"保养 / 冬季位置"。在点火开关关闭后 10s 内，将刮水器操纵杆运行到"点动刮水"位置，则激活"保养 / 冬季位置"。

步骤 1：拆卸。

提示：刮水片非常灵活，在从风窗玻璃上将其取下时，只可以抓住刮水片定位件区域。

1）刮水臂运行到"保养 / 冬季位置"。

2）按下按键 1，并将刮水片定位件 3 从刮水臂 2 中拉至限位位置（图 4-17）。

3）摇动刮水片，并沿箭头方向从刮水臂 2 中拔下刮水片定位件 3。

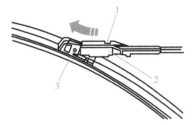

图 4-17　刮水片装配示意图
1—按键　2—刮水臂　3—定位件

步骤 2：安装。

注意：装配时，不要混淆驾驶人侧和副驾驶侧的刮水片。

1）将刮水片定位件 3 推入刮水臂 2 中，直至限位位置。

2）小心将刮水臂翻回风窗玻璃上。

提示：按键 1 应卡止在刮水臂 2 中。

技能训练七　拆装、调节风窗玻璃清洗喷嘴

1. 训练准备

1）大众迈腾轿车 1 辆。

2）常用修理工具 1 套。

2. 训练要求

正确拆装、调节风窗玻璃，清洗喷嘴。

3. 基本操作步骤

操作步骤描述：拆卸→安装→调节。

步骤 1：拆卸（图 4-18）。

1）沿箭头方向脱开喷嘴，并将其取下。

2）脱开喷嘴上的软管接头，并将其取下。

步骤 2：安装（图 4-19）。

1）将软管接头 1 安装到喷嘴 2 上。

2）从上方开始端，将喷嘴 2 插入安装开口内，直至听到其卡入的声音。

3）调节喷嘴 2。

步骤 3：调节。

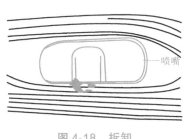

图 4-18　拆卸

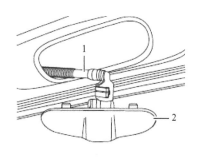

图 4-19　安装

1—软管接头　2—喷嘴

如果由于喷嘴中有杂质而导致喷射区不均匀，则要拆下喷嘴，再用水沿着与喷射相反的方向冲洗喷嘴。然后，可以用压缩空气沿着与喷射相反的方向吹洗喷嘴。不要用其他物品清洗喷嘴。

技能训练八　清洁冷凝器

1. 训练准备

1）大众轿车 1 辆。

2）常用修理工具 1 套。

3）牙刷或毛刷。

4）水枪、水管及水管接口。

2. 训练要求

正确清洁冷凝器。

3. 基本操作步骤

操作步骤描述：拆卸→清洁→安装。

1）打开机盖，拧下前中网的固定螺钉（有的车型为卡扣型）

2）将前中网拆卸掉，并收好

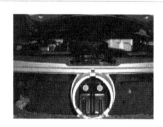

3）用准备好的牙刷或毛刷，从上至下刷冷凝器，目的是将表面的柳絮及杂物清理掉

4）发动汽车，打开空调，使电子风扇旋转工作。先用清水冲洗，并利用风扇的旋转使清水遍布整个冷凝器，一定要冲到位、冲彻底，其间可能会因为冷凝器温度过低而使电子风扇停转，这时就要停止冲水，让冷凝器的温度上升，使电子风扇重新运转

注意：不要用高压水枪直接喷，因为散热片是用 0.15mm 厚的铝片套入铜管后胀管而成的，比较脆弱，经不起碰撞

5）待整个冷凝器都湿透后，将清洁剂喷到冷凝器表面，此时电子风扇也应该是在运转的，并利用它的运转吸入并分布到各个角落。此时关闭空调和发动机，观察冷凝器表面，几分钟后就会看到表面的脏物会慢慢地"浮"起

6）调节好水枪的压力，用清水清洗冷凝器

注意：一定要正对冷凝器由上到下清洁，不可左右往复清洁，以免损伤冷凝器散热片

7）冷凝器所有表面被清洁时，会从车下部流出许多黑色的脏水，这时还要继续清洁，当流出的水为干净透明的时，说明冷凝器及散热器清洁已被干净，就可以按照拆卸反顺序恢复原样了，清洁完毕

技能训练九　更换空调滤清器

1.训练准备

1）轿车 1 辆（日系丰田）。

2）常用修理工具 1 套。

2.训练要求

正确更换空调滤清器。

3.基本操作步骤

> **操作步骤描述：拆卸→安装。**

1）日系车通常将空调滤芯安装在副驾杂物箱的后部，更换空调滤芯首先要打开杂物箱	
2）找到杂物箱右侧的固定卡扣，并用力向外侧拔出	
3）将杂物箱的固定卡扣取下拿掉，使之脱离	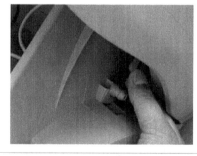
4）用双手将杂物箱两边向中间挤压，杂物箱就可以拿下来了	

项目
4

（续）

5）拿下杂物箱就可以看到空调滤芯盖板，用力按压盖板两侧的固定卡扣，盖板就可以取下	
6）向外侧抽出旧的空调滤芯	
7）将新的空调滤芯装入，按拆卸顺序的反向恢复原位即可（注意空调滤芯的安装方向）	

复习思考题

1. 如何检查蓄电池？
2. 如何检测蓄电池电压？
3. 更换蓄电池的基本步骤有哪些？
4. 更换蓄电池注意哪些事项？
5. 汽车灯具是如何分类的？
6. 前照灯远光光束发光强度要求是多少？
7. 其他照明及信号装置一般规定与要求有哪些？
8. 更换前照灯灯泡的方法是什么？
9. 更换前照灯灯泡注意事项有哪些？
10. 熔丝的最基本作用是什么？
11. 汽车熔丝的规格有哪些？
12. 熔丝在汽车的什么位置？
13. 熔丝烧断的原因有哪些？
14. 如何确定汽车熔丝烧断？
15. 更换熔丝的一般方法是什么？

16. 刮水器的功能是什么?

17. 刮水器由几部分组成?

18. 使用刮水器应注意哪些事项?

19. 如何维护保养刮水器?

20. 汽车喇叭是如何分类的?

21. 如何维护汽车喇叭?

22. 冷凝器清洁方法是什么?

23. 冷凝器常见故障有哪些?

24. 如何拆卸冷凝器?

25. 如何检查清洁冷凝器?

26. 如何更换空调滤清器?

27. 如何更换刮水臂?

28. 如何更换刮水片?

29. 如何调节风窗玻璃清洗喷嘴?

模 拟 试 卷

初级汽车维修工理论知识试卷

注 意 事 项

1. 考试时间：120min。

2. 请首先按要求在试卷的标封处填写您的姓名、准考证号和所在单位的名称。

3. 请仔细阅读各种题目的回答要求，在规定的位置填写您的答案。

4. 不要在试卷上乱写乱画，不要在标封区填写无关的内容。

	一	二	总　分
得　分			

得　分	
评分人	

一、单项选择题（下列答案中只有一个是正确的，请将正确答案的序号填在括号内。每题 0.5 分，总计 80 分）

1. 千分尺的精度与游标卡尺的精度相比，其精度（　　　）。

A. 低　　　　　　B. 相同　　　　　　C. 高　　　　　　D. 差

2. 用游标卡尺测量工件某部位时，卡尺与工件应垂直，记下（　　　）。

A. 最小尺寸　　　B. 最大尺寸　　　C. 平均尺寸　　　D. 任意尺寸

3. 用游标卡尺测量工件，读数时先读出游标零刻线对（　　　）刻线左边格数为多少毫米，再加上游标上的读数。

A. 尺身　　　　　B. 游标　　　　　C. 活动套筒　　　D. 固定套筒

4. 利用量缸表可以测量发动机气缸直径、曲轴轴承的圆度和圆柱度，其测量精度为（　　　）mm。

A. 0.05　　　　　B. 0.02　　　　　C. 0.01　　　　　D. 0.005

5. 用百分表测量工件时，应先校表，使百分表量头（　　　）。

A. 与工件有一微小间隙

B. 与工件刚接触但指针不偏转

C. 抵住工件表面使量头产生一定位移，即指针有一定偏转

D. 与工件可以接触，也可以不接触

6. 用量缸表测量气缸直径时，当大指针顺时针转动离开"0"位，表示气缸直径（　　　）标称尺寸的缸径。

A. 小于　　　　　B. 等于　　　　　C. 大于　　　　　D. 大于或等于

7. 用量缸表测量气缸直径时，当大指针逆时针转动离开"0"位，表示气缸直径（　　　）标称尺寸的缸径。

A. 小于　　　　　B. 等于　　　　　C. 大于　　　　　D. 小于或等于

8. 常用的台虎钳规格为（　　　）。

A. 0~25mm　　　B. 25~50mm　　　C. 100~150mm　　　D. 200~250mm

9. 常用的台虎钳有（　　　）和固定式两种。

A. 齿轮式　　　　B. 回转式　　　　C. 蜗杆式　　　　D. 齿条式

10. 划线的基准工具是（　　　）。

A. 划针　　　　　B. 样冲　　　　　C. 角尺　　　　　D. 划线平板

11. 锯削薄板时用（　　　）钢锯条。

A. 细齿　　　　　B. 一般齿　　　　C. 粗齿　　　　　D. 超粗齿

12. 锯削薄壁管子时用（　　　）钢锯条。

A. 粗齿　　　　　B. 超粗齿　　　　C. 超细齿　　　　D. 细齿

13. 为了使缸盖螺母紧固符合规定要求，应当选用（　　　）。

A. 活扳手　　　　B. 套筒扳手　　　C. 梅花扳手　　　D. 扭力扳手

14. 锉刀粗锉时，可用（　　　）。

A. 交叉法　　　　B. 平面法　　　　C. 推锉法　　　　D. 换位法

15. 锉削平面时，锉身在加工面做（　　　）运动。

A. 直线　　　　　B. 圆弧　　　　　C. 直角　　　　　D. 急回

16. 金属材料在外力作用下抵抗变形和破坏的能力，称为金属材料的（　　　）。

A. 塑性　　　　　B. 韧性　　　　　C. 强度　　　　　D. 疲劳

17. 金属材料疲劳破坏是在（　　　）载荷作用下产生的。

A. 交变　　　　　B. 大　　　　　　C. 轻　　　　　　D. 冲击

18. 金属材料受到外力作用时产生显著的永久性变形而不断裂的能力，称为金属材料的（　　　）。

A. 塑性　　　　　B. 韧性　　　　　C. 强度　　　　　D. 疲劳

19. 金属材料在无限多次交变载荷作用下，不致发生断裂的最大应力，称为金属

材料的（　　　）。

　　A. 塑性　　　　　　B. 韧性　　　　　　　C. 强度　　　　　　D. 疲劳强度

20. 金属材料在冷状态或热状态下，承受锤锻或压力，发生塑性变形的能力，称为金属材料的（　　　）。

　　A. 铸造性能　　　B. 可锻性　　　　　C. 焊接性能　　　　D. 切削性

21. 铸铁具有良好的铸造性能、耐磨性和（　　　）。

　　A. 淬透性　　　　B. 可锻性　　　　　C. 焊接性　　　　　D. 切削性

22. 目前汽车上较为常用的玻璃主要有钢化玻璃和（　　　）。

　　A. 隔热玻璃　　　B. 隔音玻璃　　　　C. 夹层玻璃　　　　D. 防爆玻璃

23. 橡胶可制成常用的（　　　）。

　　A. 密封制品　　　B. 隔热衬垫　　　　C. 滤芯　　　　　　D. 夹层玻璃膜片

24. 汽油抗爆性能的指标是（　　　）。

　　A. 蒸发性　　　　B. 辛烷值　　　　　C. 清洁性　　　　　D. 十六烷值

25. 车用汽油的牌号是按照（　　　）的大小来划分的。

　　A. 蒸发性　　　　B. 辛烷值　　　　　C. 黏度　　　　　　D. 十六烷值

26. 选择汽油牌号的主要依据是发动机的（　　　）。

　　A. 压缩比　　　　B. 转速　　　　　　C. 平均有效压力　　D. 燃烧室结构

27. 国产轻柴油的牌号是根据柴油的（　　　）来划分的。

　　A. 黏度　　　　　B. 闪点　　　　　　C. 馏程　　　　　　D. 凝点

28. 根据不同地区和季节，一般选用柴油的凝点应比最低气温低（　　　）以上，以保证柴油不致凝固。

　　A. 1~2℃　　　　　B. 3~5℃　　　　　　C. 2~3℃　　　　　　D. 3~4℃

29. 发动机机油使用性能级别（使用级）的选择，在没有说明书的情况下主要是根据（　　　）选择。

　　A. 发动机的强化程度　　　　　　　B. 气温

　　C. 发动机的工况　　　　　　　　　D. 发动机技术状况

30. 在选用防冻液时，其冰点要比车辆运行地区的最低气温低（　　　）。

　　A. 1℃　　　　　　B. 2℃　　　　　　　C. 3℃　　　　　　　D. 5℃

31. 主视图是从（　　　）观察物体所得到的图形。

　　A. 从前向后　　　B. 从上向下　　　　C. 从左向右　　　　D. 从后向前

32. 国家标准中图纸幅面有（　　　）种。

　　A. 3　　　　　　　B. 6　　　　　　　　C. 5　　　　　　　　D. 不限

33. 尺寸线用（　　　）绘制。

　　A. 粗实线　　　　B. 点画线　　　　　C. 虚线　　　　　　D. 细实线

34. 重合剖面的轮廓线用（　　　）绘制。

A. 虚线　　　　　B. 细实线　　　　　C. 点画线　　　　　D. 粗实线

35. 在零件表达方法中，只画出切断处断面的图形称为（　　　）。

A. 局部视图　　　B. 斜视图　　　　C. 剖面图　　　　D. 剖视图

36. （　　　）是指允许零件尺寸的变动范围。

A. 上极限偏差　　B. 下极限偏差　　C. 公差　　　　　D. 极限尺寸

37. 下列答案中，（　　　）是配合的基准制之一。

A. 基孔制　　　　B. 间隙配合　　　C. 过盈配合　　　D. 过渡配合

38. 下列符号中表示形状公差的是（　　　）。

A. ∥　　　　　　B. ∠　　　　　　C. ⊥　　　　　　D. ○

39. 在基本视图中，投影关系反映宽相等的两视图是（　　　）。

A. 左视图和主视图　　　　　　　　B. 俯视图和主视图

C. 右视图和后视图　　　　　　　　D. 俯视图和左视图

40. 在基本视图中，投影关系反映高平齐的两视图是（　　　）。

A. 左视图和主视图　　　　　　　　B. 俯视图和主视图

C. 仰视图和左视图　　　　　　　　D. 俯视图和右视图

41. 液压控制阀是液压系统中的重要（　　　）。

A. 动力元件　　　B. 控制元件　　　C. 执行元件　　　D. 辅助装置

42. （　　　）是液压传动装置中的辅助装置。

A. 液压缸　　　　B. 油箱、油管　　C. 单向阀　　　　D. 液压泵

43. 液压泵是液压系统中的（　　　）。

A. 执行元件　　　B. 动力元件　　　C. 控制元件　　　D. 辅助装置

44. 液压缸是将油液（　　　）。

A. 机械能转化为压力能　　　　　　B. 储存

C. 压力能转化为压力能　　　　　　D. 压力能转化为机械能

45. 单向阀的作用是（　　　）。

A. 接通电路

B. 关闭油路

C. 控制油路

D. 允许油液按一个方向流动，不能反向流动

46. 液压传动是以（　　　）作为工作介质。

A. 油液　　　　　B. 水　　　　　　C. 气体　　　　　D. 液体

47. 对液压系统中的油液压力、流量、流动方向进行控制和调节的装置称为
（　　　）。

A. 控制元件　　　B. 能源装置　　　C. 执行元件　　　D. 辅助装置

48. 控制油液流动方向以改变执行机构运动方向的阀称为（　　　）。

A. 流量控制阀　　　B. 方向控制阀　　　C. 压力控制阀　　　D. 控制阀

49. 压力控制回路是控制整个系统或某条支路中（　　　）的单元回路。

A. 油液压力　　　B. 油液速度　　　C. 油液流量　　　D. 油液方向

50. 汽车上的液力耦合器属于（　　　）。

A. 液压传动　　　　　　　　　　B. 容积式液压传动

C. 动力式液压传动　　　　　　　D. 能量转换

51. 汽车产品型号中的主参数代号代表轿车的（　　　）。

A. 车辆长度　　　B. 发动机排量　　　C. 座位数　　　D. 总质量

52. 曲柄连杆机构把燃烧气体作用在（　　　）上的力转变为曲轴的转矩，并通过曲轴对外输出机械能。

A. 活塞顶　　　B. 活塞销　　　C. 活塞环　　　D. 连杆

53. 四冲程发动机一个循环，曲轴旋转两周，凸轮轴旋转（　　　）。

A. 两周　　　B. 半周　　　C. 一周　　　D. 四周

54. 曲柄连杆机构的零件按其结构特点和运动形式分为缸体曲轴箱组、活塞连杆组和（　　　）。

A. 曲轴组　　　B. 飞轮组　　　C. 气缸体　　　D. 曲轴飞轮组

55. 气缸垫的作用是（　　　）。

A. 封闭气缸与气缸盖的接合面　　　B. 保证气缸和燃烧室的密封

C. 密封燃烧室　　　　　　　　　　D. 防止气缸盖螺栓松动

56. 在发动机上拆除原有节温器，则发动机工作时冷却液（　　　）。

A. 只进行大循环　　　　　　　　　B. 只进行小循环

C. 大循环和小循环同时存在　　　　D. 循环通道被堵

57. 散热器的作用是将发动机水套内流出水的热量传递给（　　　）。

A. 水泵　　　B. 风扇　　　C. 节温器　　　D. 空气

58. 发动机配气相位是指进、排气门的实际开闭时刻，通常用（　　　）来表示。

A. 凸轮轴转角　　　B. 曲轴转角　　　C. 活塞上止点　　　D. 活塞下止点

59. 称为汽油发动机经济混合气的是（　　　）。

A. 理论混合气　　　B. 稍稀混合气　　　C. 过稀混合气　　　D. 稍浓混合气

60. 机油细滤器能滤掉很细小的杂质和胶质，经过机油细滤器的机油直接流向（　　　）。

A. 发动机的润滑表面　　　　　　　B. 主油道

C. 机油泵　　　　　　　　　　　　D. 油底壳

61. 变速器传动比大于1，其输出转速（　　　），转矩（　　　）。

A. 增加　降低　　　　　　　　　　B. 降低　增加

C. 先增加　后降低　　　　　　　　D. 不变

62. 轿车转向系统中多采用（　　）转向器。

A. 循环球式　　　　　　　　　　B. 齿轮齿条式

C. 蜗轮蜗杆式　　　　　　　　　D. 蜗杆曲柄指销式

63. 4WD 符号的含义是（　　）。

A. 两轮驱动　　　B. 两轮转向　　　C. 四轮驱动　　　D. 四轮转向

64. 东风 EQ1092 型汽车变速器第一轴前端支承在（　　）。

A. 离合器分离套筒内　　　　　　B. 曲轴后端中心孔内

C. 变速器壳前端　　　　　　　　D. 变速器壳后端

65. 汽车转向系统中各连接零件和传动副之间存在着一定间隙，这使转向盘在转向轮发生偏转前能转过一定角度，这段角行程称为（　　）。

A. 转向盘自由行程　　　　　　　B. 转向盘行程

C. 自由行程　　　　　　　　　　D. 有效行程

66. 前束的作用是减少（　　）对轮胎的影响。

A. 主销后倾　　　B. 主销内倾　　　C. 车轮外倾　　　D. 子午轮胎

67. 单级主减速器的（　　）齿轮安装在差速器壳上。

A. 主动锥　　　　B. 从动锥　　　　C. 行星　　　　　D. 半轴

68. （　　）装置用于使行驶中的汽车减速停车。

A. 驻车制动　　　B. 行车制动　　　C. 辅助制动　　　D. 液压制动

69. 当汽车左转向时，由于差速器的作用，左右两侧驱动轮转速不同，那么转矩的分配应是（　　）。

A. 左轮大于右轮　B. 右轮大于左轮　C. 左、右轮相等　D. 右轮为零

70. 非独立悬架两侧车轮由一根整体式车桥相连，车轮和车桥一起通过弹性元件连接在（　　）。

A. 车身下面　　　B. 车架下面　　　C. 主减速器下面　D. 传动轴下面

71. （　　）之间的间隙反映在离合器踏板上，称为离合器踏板自由行程。

A. 分离叉的内端面与分离套筒端面

B. 分离叉的内端面与分离轴承端面

C. 分离杠杆的内端面与分离套筒端面

D. 分离杠杆的内端面与分离轴承端面

72. （　　）的功用是根据发动机的不同负荷，配制不同成分和数量的可燃混合气，供给气缸燃烧，以满足发动机所需功率的要求。

A. 化油器　　　　B. 汽油泵　　　　C. 进气管　　　　D. 消声器

73. 四冲程六缸发动机做功间隔角为（　　）。

A. 90°　　　　　B. 120°　　　　　C. 180°　　　　　D. 360°

74. （　　）的功用是保证气门做往复运动时，使气门与气门座正确密合。

A. 气门弹簧　　　B. 气门导管　　　C. 推杆　　　　D. 挺柱

75. 调整驱动桥时，应（　　）。

A. 先调整锥齿轮啮合间隙

B. 先调整齿轮啮合印痕

C. 先调整轴承预紧度

D. 先调整齿轮间隙和印痕，再调整预紧度

76. 机油泵可以将（　　）内的机油压送到发动机的各润滑表面。

A. 油底壳　　　　B. 柴油箱　　　C. 集滤器　　　D. 变速器

77. 东风EQ1092型汽车的转向桥主要由前轴、转向节、主销和（　　）四部分组成。

A. 轮毂　　　　　B. 车轮　　　　C. 转向轴　　　D. 横拉杆

78. 职业道德通过（　　），起着增强企业凝聚力的作用。

A. 协调员工之间的关系　　　　　　B. 增加职工福利

C. 为员工创造发展空间　　　　　　D. 调节企业与社会的关系

79. 国产轮胎的标记为9.00-20，数字和横线依次表示（　　）。

A. 断面宽度、高压胎、轮胎直径

B. 断面宽度、低压胎、轮辋直径

C. 轮辋直径、超低压胎、轮胎直径

D. 轮胎直径、低压胎、轮辋直径

80. 已知解放CA6102型发动机的配气相位角 $\alpha = 12°$、$\beta = 68°$、$\gamma = 42°$、$\delta = 18°$，该进气门开启持续角为（　　）。

A. 234°　　　　　B. 240°　　　　C. 260°　　　　D. 266°

81. 汽车电气设备的基本特点是两个电源、低压直流、（　　）。

A. 并联多线、负极搭铁　　　　　　B. 并联单线、负极搭铁

C. 并联单线、正极搭铁　　　　　　D. 并联多线、正极搭铁

82. 汽车用电源的电压通常采用（　　），直流电电源的电压主要是从蓄电池充电来考虑的。

A. 12V　　　　　B. 48V　　　　C. 56V　　　　D. 10kV

83. 发电机转速和负载变化时，（　　）能保持汽车的电压稳定。

A. 电动机　　　　B. 发电机　　　C. 蓄电池　　　D. 发动机

84. 蓄电池的极板有正极板与负极板两种，正、负极板均由（　　）组成。

A. 二氧化铅　　　B. 铅锑合金　　C. 海绵状铅　　D. 栅架和活性物

85. 在发动机运转及汽车行驶的大部分时间，由（　　）为各用电设备供电，同时还进行充电。

A. 交流发电机　　　　　　　　　　B. 蓄电池

C.电动机　　　　　　　　　　　D.交流发电机和蓄电池同时

86.交流发电机中用来产生三相交流电的装置是（　　　）。

A.转子　　　　　B.定子　　　　　C.整流器　　　　　D.电刷

87.交流发电机的整流器由（　　　）硅二极管、正散热板、后端盖（或负散热板）等组成，接成三相桥式整流电路。

A.24只　　　　　B.12只　　　　　C.9只　　　　　D.6只

88.在发动机起动时，使驱动齿轮啮入飞轮齿环，而在发动机起动后，使驱动齿轮与飞轮齿环脱离，起保护作用的装置是（　　　）。

A.交流电动机　　　　　　　　　B.直流串励式电动机

C.传动机构（或单向离合器）　　D.控制装置（即开关）

89.无论什么点火系统，产生点火高压电的装置都是（　　　）。

A.分电器　　　　B.点火线圈　　　　C.电容器　　　　D.附加电阻

90.在发动机转速变化时，自动调节点火提前角的装置是（　　　）。

A.离心式调节器　　　　　　　　B.真空式调节器

C.辛烷调节器　　　　　　　　　D.离心式和真空式调节器

91.（　　　）的功用是在保证气缸密封的同时将高压电引入燃烧室，产生电火花，点燃可燃混合气。

A.配电器　　　　B.点火线圈　　　　C.火花塞　　　　D.断电器

92.风窗玻璃刮水器是由（　　　）驱动，通过联动机构，实现刮水器的刮水片在风窗玻璃的外表面来回摆动的。

A.直流电动机　　　B.发动机　　　　C.发电机　　　　D.蓄电池

93.（　　　）是测量发动机进气量的装置，它将吸入的空气量转换成电信号送给ECU，作为决定喷油量的基本信号之一。

A.温度传感器　　　　　　　　　B.节气门位置传感器

C.空气流量传感器　　　　　　　D.氧浓度传感器

94.（　　　）是用于电子控制燃油喷射装置的反馈控制系统的传感器。

A.温度传感器　　　　　　　　　B.空气流量计

C.爆燃传感器　　　　　　　　　D.氧浓度传感器

95.（　　　）是读出专用存储器，其存储内容一次写入后就不能改变，但可以调出使用。

A.RAM　　　　　B.ROM　　　　　C.A/D　　　　　D.I/O

96.更换滤清器滤芯时，（　　　）。

A.起动发动机使之运转，待达到正常的工作温度（80℃以上），然后将发动机熄火，在热车状态下放出油底壳和滤清器内的机油。当油底壳放油螺孔将旧机油放净时，用滤清器扳手卸下滤清器滤芯。准备好同样的滤芯，先在滤芯的O形圈上涂抹

一层机油，用手将滤芯拧至拧不动为止。不要用滤清器的扳手拧紧，以防损坏O形圈，造成漏油

B. 直接更换

C. 起动发动机使之运转，待达到正常的工作温度（80℃以上），然后将发动机熄火，在热车状态下放出油底壳和滤清器内的机油。当油底壳放油螺孔将旧机油放净时，用滤清器扳手卸下滤清器滤芯。准备好同样的滤芯，先在滤芯的O形圈上涂抹一层机油，用扳手将滤芯拧至拧不动为止

D. 以上都对

97. 机油量应位于油标尺（　　　　）。

A. 上　　　　　　　B. 下　　　　　　　C. 上下之间　　　　D. 以上都不对

98. 如果冷却液面（　　　　），则冷却液量为合适。

A. 在 MAX 上　　　　　　　　　　　B. 在 MIN 下

C. 等于 MAX 或 MIN　　　　　　　　D. 在 MAX 和 MIN 之间

99. 检查齿轮油位是否达到规定油位，油位应不低于孔边（　　　　）。如果油量不足，应补充齿轮油，使油位达到规定值，并检查有无漏油现象。

A. 15mm　　　　　B. 10mm　　　　　C. 5mm　　　　　D. 20mm

100. 驱动桥齿轮油的检查与更换：拧下油位检查孔螺塞，检查油位是否离检查孔边（　　　　）。

A. 0~10mm　　　　B. 0~15mm　　　　C. 10mm　　　　　D. 15mm

101. 当滤芯积存干燥的灰尘时，用压力不高于（　　　　）的压缩空气，从滤芯内侧开始，上下均匀地沿斜角方向吹净滤芯内外表面的灰尘。

A. 10kPa　　　　　B. 200kPa　　　　C. 500kPa　　　　D. 60kPa

102. 汽车行驶（　　　　）时需对空气滤清器进行维护。

A. 3500~4000km　B. 4500~5000km　C. 5000~7000km　D. 7500~8000km

103. 汽车行驶（　　　　）时应该更换空气滤清器滤芯。

A. 3000km　　　　B. 5000km　　　　C. 10000km　　　D. 30000km

104. 检查 V 带张紧度时，用拇指以（　　　　）的力按压 V 带的中部。

A. 98~147N　　　　B. 98N 以下　　　C. 147N　　　　　D. 200N

105. 火花塞间隙应为（　　　　）。

A. 0.5~0.6mm　　　B. 0.7~0.9mm　　　C. 0.9~1.0mm　　　D. 1.5~2.6mm

106. 对待职业和岗位，（　　　　）并不是爱岗敬业所要求的。

A. 树立职业理想　　　　　　　　　B. 干一行爱一行专一行

C. 遵守企业的规章制度　　　　　　D. 一职定终身，不改行

107. 蓄电池电解液高出极板（　　　　）。

A. 10~15mm　　　　B. 15~20mm　　　C. 20~25mm　　　D. 25~30mm

108. 检查灯光需要（　　）配合检查前照灯、转向灯、制动灯等灯光装置。

A. 5人　　　　　　　B. 2人　　　　　　　C. 3人　　　　　　　D. 4人

109. 检查轮胎的气压通常参考（　　）。

A. 手册　　　　　　　　　　　　B. 书籍

C. 轮胎的侧壁数值　　　　　　　D. 手册、书籍和轮胎的侧壁数值

110. 检查制冷剂是否泄漏时，（　　）。

A. 发动机转速约1000r/min　　　B. 发动机转速约2000r/min

C. 发动机转速约3000r/min　　　D. 发动机转速约4000r/min

111. 六缸发动机在全面调整轴承间隙时，须从（　　）开始，四道主轴承按2、3、1、4的顺序，七道主轴承按3、4、5、2、6、1、7的顺序。

A. 左边　　　　　　　B. 右边　　　　　　　C. 两端　　　　　　　D. 中间

112. 下列关于勤劳节俭的论述中，正确的选项是（　　）。

A. 勤劳一定能使人致富

B. 勤劳节俭有利于企业持续发展

C. 新时代需要巧干，不需要勤劳

D. 新时代需要创造，不需要节俭

113. 企业生产经营活动中，要求员工遵纪守法是（　　）。

A. 约束人的体现　　　　　　　B. 由保证经济活动正常进行所决定的

C. 领导者人为的规定　　　　　D. 追求利益的体现

114. 在企业的活动中，（　　）不符合平等尊重的要求。

A. 根据员工技术专长进行分工

B. 对待不同服务对象，采取一视同仁的态度

C. 师徒之间要平等和互相尊重

D. 取消员工之间的一切差别

115. 正确阐述职业道德与人的事业的关系的选项是（　　）。

A. 没有职业道德的人不会获得成功

B. 要取得事业的成功，前提条件是要有职业道德

C. 事业成功的人往往并不需要较高的职业道德

D. 职业道德是人获得事业成功的重要条件

116. 利用口诀法进行气门间隙的调整时（发动机的工作顺序为1-2-4-3）：当第1缸活塞处于压缩上止点位置时，可调的气门的状态为（　　）。

A. 1双、2排、4不、3进　　　B. 3双、4排、2不、1进

C. 2双、4排、3不、1进　　　D. 1双、2排、3不、4进

117. 柴油机喷油器在调整喷油压力时，应先压动油泵手柄，排除留存油管和喷油器内的空气，再以（　　）的速度压动油泵手柄，旋动压力调节螺钉即可。

A. 10 次 /min   B. 40 次 /min   C. 60 次 /min   D. 120 次 /min

118. 柴油机喷油器喷雾质量在检查时应以（　　　）的速度压动油泵手柄，观察喷油器喷出的油雾束，油雾束应细小均匀，无油滴飞溅现象。

A. 10 次 /min   B. 40 次 /min   C. 60 次 /min   D. 120 次 /min

119. 检查散热器箱盖压力阀时应在发动机（　　　）时，将 50kPa 的压缩空气从散热器放水管处引入，若气压在 5min 内不降低，表明散热器箱盖压力阀密封正常，否则应更换。

A. 工作   B. 不工作   C. 刚起动   D. 怠速

120. 检查散热器箱盖压力阀时应在发动机不工作时，将（　　　）的压缩空气从散热器放水管处引入，若气压在 5min 内不降低，表明散热器箱盖压力阀密封正常，否则应更换。

A. 50kPa   B. 5kPa   C. 20kPa   D. 100kPa

121. 清除冷却系统积垢时，先放掉冷却系统内存水，拆除节温器，把碱性溶液加入冷却系统中，对于铸铁机体保留 10~12h，对于钢质机体保留（　　　），再起动发动机，怠速工作 15~20min，然后打开放水开关，在发动机工作状况下放出溶液，再用清水冲洗即可。

A. 10~12 天   B. 2~3h   C. 2~3 天   D. 10~12h

122. 检查离合器分离杆端面是否在同一平面内，其高度误差大于（　　　）时，应予以调整。

A. 0.2mm   B. 0.02mm   C. 2mm   D. 20mm

123. 在调整点火正时时通常以发动机（　　　）为基准缸。

A. 第一缸   B. 压缩缸   C. 排气缸   D. 第六缸

124. 交流发电机的转子旋转时，在三相绕组中便产生频率相同、幅值相等、相位差为（　　　）的三相正弦交流电动势。

A. 60°   B. 120°   C. 180°   D. 360°

125. 为使汽车全车线路排列整齐，便于安装、拆卸和绝缘保护，避免由于振动和牵拉而引起导线损坏，将汽车各电器之间的导线，按最短路径排列，并用绝缘带把同一路径的若干导线包扎成束称为（　　　）。

A. 插接件   B. 导线   C. 线束   D. 线路

126. 发动机配气相位是指进、排气门的实际开闭时刻，通常用（　　　）来表示。

A. 曲轴转角   B. 凸轮轴转角   C. 活塞上止点   D. 活塞下止点

127. 当气门座圈工作面低于气缸盖平面（　　　），气门座圈松动，应换气门座圈。

A. 0.5mm   B. 1.0mm   C. 1.5mm   D. 2.0mm

128. 发动机排气门锥角一般为（　　　）。

A. 30°   B. 45°   C. 60°   D. 90°

129. 发动机活塞在高温下，沿轴向产生（　　）的膨胀变形。

A. 上下相等　　　　　　　　　B. 上小下大

C. 上大下小　　　　　　　　　D. 两端大，中间小

130. 在拆卸气缸盖时，应按照从（　　）逐步松开并拆下缸盖螺栓。

A. 两端向中间呈对称顺序分两次　　B. 两端向中间呈对称顺序分三次

C. 中间向两端呈对称顺序分两次　　D. 中间向两端呈对称顺序分三次

131. 采用液压挺柱后，发动机配气机构气门传动组的冲击和噪声减小或消除了，其主要原因是在此结构中没有了（　　）。

A. 推杆　　　　B. 摇臂　　　　C. 气门间隙　　　　D. 气门弹簧

132. 打开发动机进排气气门主要靠（　　）。

A. 凸轮的推力　　　　　　　　B. 气门弹簧的弹力

C. 凸轮轴惯性力　　　　　　　D. 偏心轮的推力

133. （　　）的功用是保证气门做往复运动时，使气门与气门座正确密合。

A. 气门弹簧　　　B. 气门导管　　　C. 推杆　　　　D. 挺柱

134. 钻汽车离合器摩擦片铆钉孔时，对含铜丝的摩擦片，铆钉埋头孔的深度为摩擦片厚度的（　　）。

A. 1/2　　　　B. 1/4　　　　C. 3/4　　　　D. 2/3

135. 安装汽车万向传动装置时，（　　）的两端应在同一平面。

A. 十字轴　　　B. 传动轴　　　C. 万向节叉　　　D. 套筒和滚针

136. 安装钢板弹簧总成使其对正吻合后，以规定力矩将钢板弹簧（　　）对称均匀地拧紧。

A.U 形螺栓　　　B. 中心螺栓　　　C. 卡子螺栓　　　D. 螺栓

137. 变速器第一、第二轴轴承孔的公共轴线的平行度误差不大于（　　）。

A. 0.001mm　　　B. 0.01mm　　　C. 0.1mm　　　D. 1mm

138. 调整驱动桥时，应（　　）。

A. 先调整轴承预紧度

B. 先调整齿轮啮合印痕

C. 先调整锥齿轮啮合间隙

D. 先调整齿轮间隙和印痕，再调整预紧度

139. 解放 CA1092 汽车变速器位于空档时，（　　）。

A. 第一轴、第二轴和中间轴都转动

B. 第一轴转动，中间轴、第二轴不转动

C. 第一轴和中间轴都转动，第二轴不转动

D. 第一轴、第二轴转动，中间轴不转动

140. 活塞销的选配设有（　　）四级修理尺寸，一般按下限选配。

A. +0.04mm、+0.08mm、+0.12mm、+0.16mm

B. –0.04mm、–0.08mm、–0.12mm、–0.16mm

C. +0.04mm、–0.08mm、+0.12mm、+0.16mm

D. –0.04mm、+0.08mm、–0.12mm、–0.16mm

141. 膜片弹簧离合器的压盘（　　），热容量大，不易产生过热。

A. 较大　　　　　B. 较小　　　　　C. 较薄　　　　　D. 较厚

142. 汽车万向传动装置的十字轴万向节主要由十字轴、万向节叉和（　　）组成。

A. 套筒　　　　　B. 滚针　　　　　C. 套筒和滚针　　　D. 双联叉

143. 轮胎的尺寸 34×7，其中 × 表示（　　）。

A. 低压胎　　　　B. 高压胎　　　　C. 超低压胎　　　D. 超高压胎

144. 为避免汽车转向沉重，主销后倾角一般不超过（　　）。

A. 2°　　　　　　B. 4°　　　　　　C. 5°　　　　　　D. 3°

145. 鼓式制动器可分为非平衡式、平衡式和（　　）三种。

A. 自动增力式　　　　　　　　　B. 单向助式

C. 双向助式　　　　　　　　　　D. 双向自动增力式

146. 发动机起动不着、加速时易熄火、怠速不稳等故障现象是（　　）。

A. 混合气过稀　　B. 混合气过浓　　C. 来油不畅　　　D. 怠速不良

147. 汽油发动机急加速时，有轻微回火现象，高速时发动机乏力，这是由于（　　）。

A. 混合气过稀　　B. 混合气过浓　　C. 来油不畅　　　D. 怠速不良

148. 汽车停车时发动机怠速良好，但行驶时，变速杆移至空档就熄火，该故障是（　　）。

A. 混合气过稀　　B. 加速不良　　　C. 来油不畅　　　D. 怠速不良

149. 柴油发动机运转不稳，这种故障往往伴随着排气管排出（　　）。

A. 白烟而产生敲击声　　　　　　B. 白烟而不产生敲击声

C. 黑烟而产生敲击声　　　　　　D. 黑烟而不产生敲击声

150. 发动机需要稀混合气的工况是（　　）。

A. 怠速　　　　　B. 大负荷　　　　C. 加速　　　　　D. 中负荷

151. 蓄电池自行放电的原因是（　　）。

A. 电压不足　　　B. 电流不足　　　C. 电解液过浓　　D. 极板间短路

152. 蓄电池经常充电不足，存电少，是因为（　　）。

A. 不充电　　　　B. 充电电流过大　C. 充电电流过小　D. 充电电流不稳

153. 发电机不发电的原因是（　　）。

A. 蓄电池故障　　B. 调节器故障　　C. 起动机故障　　D. 发动机故障

154. 电控汽油喷射发动机回火是指汽车在行驶中，发动机有时回火，动力（　　　）。

　　A. 明显下降　　　　B. 不变　　　　　C. 有所下降　　　　D. 下降或不变

155. 电控汽油喷射发动机怠速不稳是指发动机在怠速运转时（　　　）。

　　A. 转速过高　　　　B. 转速过低　　　　C. 忽高忽低　　　　D. 突然熄火

156. 连接蓄电池的导线有漏电的地方，会导致（　　　）。

　　A. 充电电流过大　　　　　　　　B. 充电电流过小

　　C. 充电电流平稳　　　　　　　　D. 蓄电池自行放电

157. 离合器踏板无自由行程，将会引发的故障是（　　　）。

　　A. 离合器打滑　　　　　　　　　B. 离合器分离不彻底

　　C. 离合器有异响　　　　　　　　D. 起步时发抖

158. 汽车发动机废气排放中的 CO 超标，可能的原因是（　　　）。

　　A. 怠速太低　　　　　　　　　　B. 点火时间过早

　　C. 混合气太稀　　　　　　　　　D. 混合气太浓

159. 离合器打滑的原因之一是（　　　）。

　　A. 踏板自由行程过大　　　　　　B. 摩擦片过薄

　　C. 摩擦片过厚　　　　　　　　　D. 从动盘翘曲

得　分	
评分人	

二、判断题（将判断结果填入括号中，正确的填"√"，错误的填"×"。每题 0.5 分，满分 20 分）

（　　　）1. 扭力扳手是一种可读出所施力矩大小的专用扳手，用它可紧固对拧紧力矩有要求的螺母或螺栓。

（　　　）2. 千斤顶缺油时，可以用制动液或其他油液代替液压油。

（　　　）3. 使用台虎钳夹紧工件时，不准用锤子敲击或套上管子转动手柄，以免丝杠、螺母或钳身受力过重而损坏。

（　　　）4. 连杆校验仪能够检验连杆的弯曲、扭曲、双重弯曲的程度及方位，并能校正连杆的弯曲与扭曲。

（　　　）5. 划线平板上允许锤敲各种物体，但要保持平板的清洁。

（　　　）6. 细锉刀适用于锉软金属。

（　　　）7. 若钻孔的孔径超过 30mm，应先钻小孔，小孔直径应超过大钻头的横刃宽度，然后再扩孔。

（　　）8. 进行钻孔操作时，为保护双手必须戴手套。

（　　）9. 铰削余量越大越好，这样可以保证孔铰得光洁。

（　　）10. 铰削操作时，为保证孔的光洁，应正反向旋转铰刀。

（　　）11. 淬透性是指金属材料在热处理中获得淬透层深度的能力。

（　　）12. 橡胶具有优良的弹性和较高的强度和刚度，还具有耐磨、耐蚀和绝缘性能好等优点。

（　　）13. 汽油的辛烷值越高，抗爆性越好，牌号越小。

（　　）14. 液力传动油也称为自动变速器油，是汽车液力自动传动系统的工作介质。

（　　）15. 汽车常用轴承按照工作时的摩擦性质，分为滑动轴承和滚动轴承两类。

（　　）16. 图样中的尺寸以 cm 为单位。

（　　）17. 绘制同一机件的各个基本视图比例可以不同。

（　　）18. 机件的每一个尺寸一般只标注一次。

（　　）19. 正投影是投射线与投影面垂直时得到的投影。

（　　）20. 主视图反映了物体的高和宽。

（　　）21. 粗糙度是反映零件加工表面微观平面度的指标。

（　　）22. 符号"∥"表示形状公差中的平面度。

（　　）23. 符号"○"表示位置公差中的同轴度。

（　　）24. 基准孔的下极限偏差为零。

（　　）25. 基准轴的下极限偏差为零。

（　　）26. 画图时，可以采用任意比例。

（　　）27. 过渡配合中存在过盈现象。

（　　）28. 公差是允许一个尺寸的变动量。

（　　）29. 图样中所标注尺寸与画图比例有关。

（　　）30. 半剖视图是剖切物体四分之一后得到的剖视图。

（　　）31. 液压缸是液压传动系统中的动力元件。

（　　）32. 液压控制阀是液压系统中的重要控制元件。

（　　）33. 把油液的液压能转换成机械能的装置称为执行元件。

（　　）34. 控制和调节工作液体压力的阀称为流量控制阀。

（　　）35. 速度控制回路是控制和调节液压执行元件运动速度的单元回路。

（　　）36. 汽车上的液压制动系统、动力转向系统均属于容积式液压传动。

（　　）37. 气门间隙是指气门与气门座之间的间隙。

（　　）38. 多缸发动机各气缸的总容积之和称为发动机的排量。

（　　）39. 在汽车悬架装置中，导向机构是用来传递力和力矩的。

（　　）40. 气门的主要作用是控制进、排气道的开闭，密封气缸。

初级汽车维修工理论知识试卷参考答案

一、单项选择题

1. C	2. A	3. A	4. C	5. C	6. A	7. C	8. C
9. B	10. D	11. A	12. D	13. D	14. A	15. A	16. C
17. A	18. A	19. D	20. B	21. D	22. C	23. A	24. B
25. B	26. A	27. D	28. B	29. A	30. D	31. A	32. C
33. D	34. B	35. C	36. C	37. A	38. D	39. D	40. A
41. B	42. B	43. B	44. D	45. D	46. A	47. A	48. B
49. A	50. C	51. B	52. A	53. C	54. D	55. A	56. C
57. D	58. B	59. B	60. D	61. B	62. B	63. C	64. B
65. A	66. C	67. B	68. B	69. A	70. B	71. D	72. A
73. B	74. A	75. C	76. A	77. A	78. A	79. B	80. C
81. B	82. A	83. C	84. D	85. A	86. B	87. D	88. C
89. B	90. A	91. C	92. A	93. C	94. D	95. B	96. A
97. C	98. D	99. A	100. B	101. C	102. D	103. D	104.A
105. B	106. D	107. A	108. B	109. D	110. A	111. D	112. B
113. B	114. D	115. D	116. A	117. C	118. D	119. B	120. A
121. C	122. A	123. A	124. B	125. C	126. A	127. C	128. B
129. C	130. B	131. C	132. A	133. A	134. D	135. C	136. A
137. C	138. A	139. C	140. A	141. D	142. C	143. B	144. D
145. A	146. A	147. A	148. A	149. C	150. D	151. D	152. B
153. B	154. A	155. C	156. D	157. A	158. D	159. B	

二、判断题

1. √	2. ×	3. √	4. √	5. ×	6. ×	7. √	8. ×
9. ×	10. ×	11. √	12. ×	13. ×	14. √	15. √	16. ×
17. ×	18. √	19. √	20. ×	21. √	22. ×	23. ×	24. √
25. ×	26. ×	27. √	28. √	29. ×	30. ×	31. ×	32. √
33. √	34. ×	35. √	36. √	37. ×	38. ×	39. √	40. √

初级汽车维修工操作技能考核试卷

考生姓名：＿＿＿＿＿＿＿　准考证号：＿＿＿＿＿＿＿　工作单位：＿＿＿＿＿＿＿

一、说明

1.本试卷的编制命题是从实际出发，以可行性、技术性和通用性为原则。

2.本试卷依据《中华人民共和国职业技能鉴定规范》编制。

3.本试卷适用于考核初级汽车维修工。

4.本试卷无地域限制。

5.本试卷含维护、修理各一道试题。

二、试题

（一）维护

离合器踏板自由行程的检查与调整

考核要求：

1.按正确操作规程检查离合器踏板自由行程。

2.正确调整离合器踏板自由行程，使之符合技术标准。

考核时间：

20min。

（二）修理

气缸盖的拆装

考核要求：

按正确操作规程完成侧置凸轮轴式发动机气缸盖的拆卸与安装。

考核时间：

40min。

初级汽车维修工操作技能考核评分记录表（1）

考生姓名：＿＿＿＿＿＿＿　准考证号：＿＿＿＿＿＿＿　工作单位：＿＿＿＿＿＿＿

离合器踏板自由行程的检查与调整

序号	作业项目	考核内容	配分	评分标准	评分记录	扣分	得分
1	检查	量出踏板完全放松时，踏板至地板的距离	15分	测量方法不正确扣10分			
				测量结果不正确扣5分			
		量出用手轻推踏板感到稍有阻力时，踏板至地板的距离	20分	测量方法不正确扣10分			
				测量结果不正确扣10分			
		计算踏板自由行程	5分	计算结果错误扣5分			
2	调整	调整踏板自由行程	35分	调整方法不正确扣20分			
				调整结果不正确扣15分			
		调整完毕，再次检查踏板自由行程	20分	检查方法不正确扣10分			
				未检查扣10分			
3	安全文明生产	遵守安全操作规程，正确使用工量具，操作现场整洁	5分	每项扣1分，扣完为止			
		安全用电，防火，无人身、设备事故		因违规操作发生重大人身或设备事故，此题按0分计			
4			100分				

技术标准：

离合器踏板自由行程为 15~30mm。

评分人：　　　年　月　日　　　核分人：　　　年　月　日

初级汽车维修工操作技能考核评分记录表（2）

考生姓名：_____　准考证号：_____　工作单位：_____

气缸盖的拆装

序号	作业项目	考核内容	配分	评分标准	评分记录	扣分	得分
1	拆卸	拆卸气门室罩及摇臂组件	45分	每出现一次操作错误扣5分			
		拆卸气缸盖紧固螺栓		螺栓拆卸方法不正确扣5分			
		取下气缸盖及气缸垫		操作方法不正确扣5分			
2	安装	安装气缸垫	50分	气缸垫安装方向不正确扣10分			
		安装紧固气缸盖		螺栓紧固方法不正确扣5分			
				拧紧力矩不符合要求扣5分			
		安装其他机件		每出现一次操作错误扣5分			
3	安全文明生产	遵守安全操作规程，正确使用工量具，操作现场整洁	5分	每项扣1分，扣完为止			
		安全用电，防火，无人身、设备事故		因违规操作发生重大人身或设备事故，此题按0分计			
4			100分				

技术标准：

1. 按先两边后中间的顺序交叉对称拆卸气缸盖螺栓。

2. 气缸垫的安装方向正确。

3. 气缸盖螺栓由中间向两边交叉对称分次拧紧，拧紧力矩应为$100\sim120N\cdot m$。

评分人：　　　年　月　日　　　核分人：　　　年　月　日